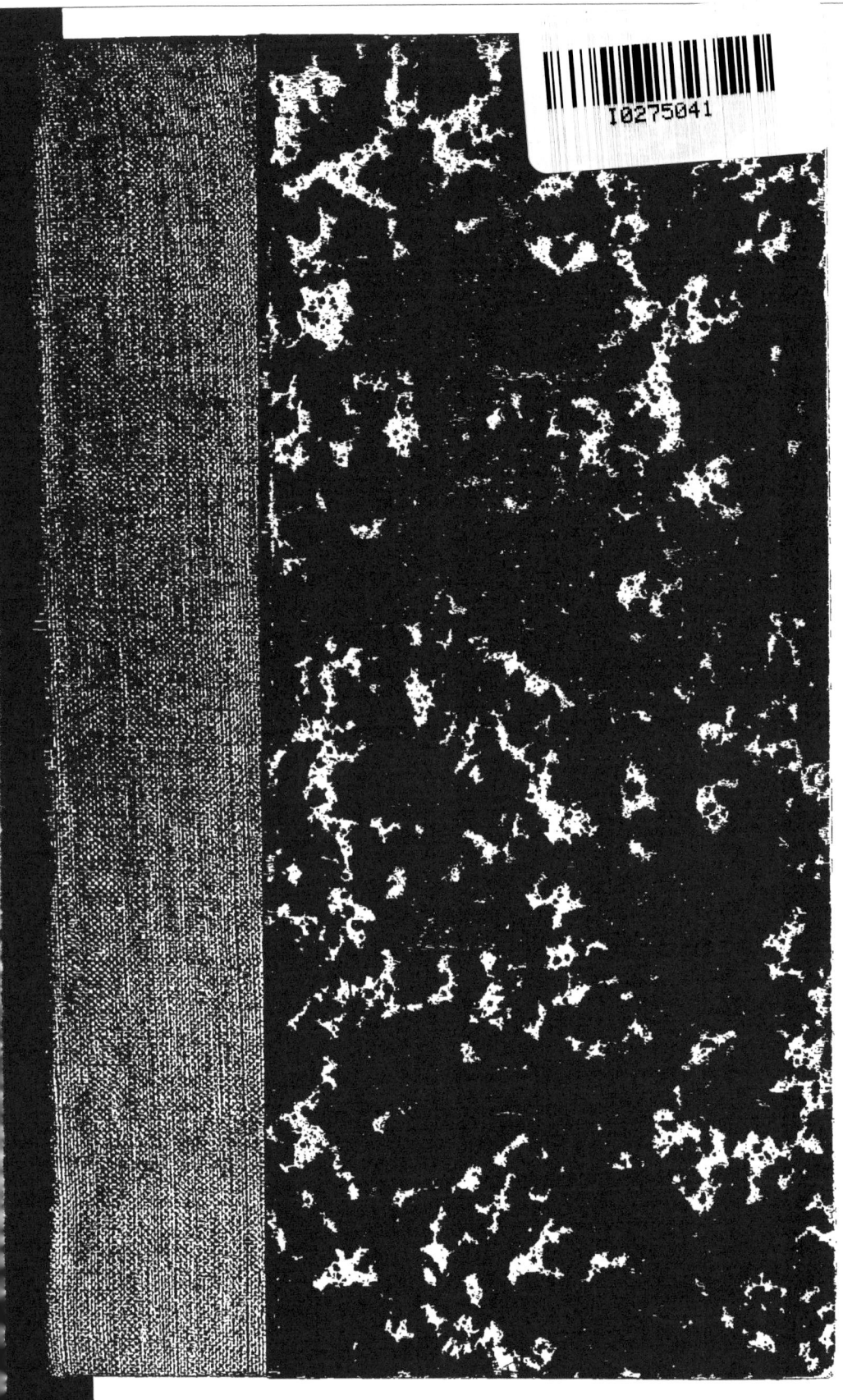

ŒUVRES COMPLÈTES
D'ALEXANDRE DUMAS

UNE AVENTURE D'AMOUR

OEUVRES COMPLÈTES D'ALEXANDRE DUMAS
PUBLIÉES DANS LA COLLECTION MICHEL LÉVY

Acté	1	La Femme au collier de velours	1	La Maison de glace	2
Amaury	1	Fernande	1	Le Maître d'armes	1
Ange Pitou	2	Une Fille du régent	1	Les Mariages du père Olifus	1
Ascanio	2	Filles, Lorettes et Courtisanes	1	Les Médicis	1
Une Aventure d'amour	1	Le Fils du forçat	1	Mes Mémoires	10
Aventures de John Davys	2	Les Frères corses	1	Mémoires de Garibaldi	2
Les Baleiniers	2	Gabriel Lambert	1	Mémoires d'une aveugle	2
Le Bâtard de Mauléon	3	Les Garibaldiens	1	Mémoires d'un médecin : Balsamo	5
Black	1	Gaule et France	1	Le Meneur de loups	1
Les Blancs et les Bleus	3	Georges	1	Les Mille et un Fantômes	1
La Bouillie de la comtesse Berthe	1	Un Gil Blas en Californie	1	Les Mohicans de Paris	4
La Boule de neige	1	Les Grands Hommes en robe de chambre :		Les Morts vont vite	2
Bric-à-Brac	1	César	2	Napoléon	1
Un Cadet de famille	3	— Henri IV, Louis XIII, Richelieu	2	Une Nuit à Florence	1
Le Capitaine Pamphile	1	La Guerre des femmes	2	Olympe de Clèves	3
Le Capitaine Paul	1	Histoire d'un casse-noisette	1	Le Page du duc de Savoie	2
Le Capitaine Rhino	1	L'Homme aux contes	1	Parisiens et Provinciaux	1
Le Capitaine Richard	1	Les Hommes de fer	1	Le Pasteur d'Ashbourn	2
Catherine Blum	1	L'Horoscope	1	Pauline et Pascal Bruno	1
Causeries	1	L'Ile de Feu	2	Un Pays inconnu	1
Cécile	1	Impressions de voyage :		Le Père Gigogne	2
Charles le Téméraire	2	En Suisse	3	Le Père la Ruine	1
Le Chasseur de Sauvagine	1	— Une Année à Florence	1	Le Prince des Voleurs	2
Le Château d'Eppstein	2	— L'Arabie Heureuse	3	Princesse de Monaco	2
Le Chevalier d'Harmental	2	— Les Bords du Rhin	2	La Princesse Flora	1
Le Chevalier de Maison-Rouge	2	— Le Capitaine Arena	1	Propos d'Art et de Cuisine	1
Le Collier de la reine	3	— Le Caucase	3	Les Quarante-Cinq	3
La Colombe. — Maître Adam le Calabrais	1	— Le Corricolo	2	La Régence	1
Les Compagnons de Jéhu	3	— Le Midi de la France	2	La Reine Margot	2
Le Comte de Monte-Cristo	6	— De Paris à Cadix	2	Robin Hood le Proscrit	2
La Comtesse de Charny	6	— Quinze jours au Sinaï	1	La Route de Varennes	1
La Comtesse de Salisbury	2	— En Russie	4	Le Salteador	1
Les Confessions de la marquise	1	— Le Speronare	2	Salvator (suite des Mohicans de Paris)	5
Conscience l'Innocent	2	— Le Véloce	2	La San-Felice	4
Création et Rédemption. — Le Docteur mystérieux	2	— La Villa Palmieri	1	Souvenirs d'Antony	1
— La Fille du Marquis		Ingénue	2	Souvenirs d'une Favorite	1
La Dame de Monsoreau		Isaac Laquedem	2	Les Stuarts	1
La Dame de Volupté	2	Isabel de Bavière	1	Sultanetta	1
Les Deux Diane	3	Italiens et Flamands	2	Sylvandire	1
Les Deux Reines	2	Ivanhoe de Walter Scott (traduction)	2	Terreur prussienne	2
Dieu dispose	2	Jacques Ortis	1	Le Testament de M. Chauvelin	1
Le Drame de 93	3	Jacquot sans Oreilles	1	Théâtre complet	25
Les Drames de la mer	1	Jane	1	Trois Maîtres	1
Les Drames galants. — La Marquise d'Escoman	2	Jehanne la Pucelle	1	Les Trois Mousquetaires	2
Emma Lyonna	5	Louis XIV et son Siècle	4	Le Trou de l'Enfer	1
		Louis XV et sa Cour	2	La Tulipe noire	1
		Louis XVI et la Révolution	2	Le Vicomte de Bragelonne	6
		Les Louves de Machecoul	3	La Vie au Désert	2
		Madame de Chamblay	2	Une Vie d'artiste	1
				Vingt Ans après	3

PARIS. — IMPRIMERIE GAIX, SUCC. DE SAINT-LEN.

UNE

AVENTURE

D'AMOUR

PAR

ALEXANDRE DUMAS

NOUVELLE ÉDITION

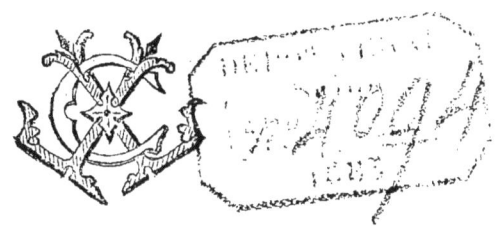

PARIS
CALMANN LÉVY, ÉDITEUR
ANCIENNE MAISON MICHEL LÉVY FRÈRES
3, RUE AUBER, 3
—
1883
Droits de reproduction et de traduction réservés

UNE
AVENTURE D'AMOUR

I

Un matin de l'automne de 1856, mon domestique, malgré l'ordre exprès que je lui avais donné de ne pas me déranger, ouvrit ma porte, et, en réponse à la grimace fort significative qu'il distingua sur mon visage, me dit :

— Monsieur, elle est fort jolie.

— Qui cela, imbécile ?

— La personne pour laquelle je me permets de déranger monsieur.

— Et que m'importe qu'elle soit jolie ? Tu sais bien que, quand je travaille, je n'y suis pour personne.

—- Et puis elle vient, continua-t-il, de la part d'un ami de monsieur.

— Le nom de cet ami?

— Qui habite Vienne.

— Le nom de cet ami?

— Oh! monsieur, un drôle de nom, un nom comme *rubis* ou *diamant*.

— Saphir?

— Oui, monsieur, Saphir, c'est cela.

— C'est autre chose, alors; fais monter dans l'atelier, et descends-moi une robe de chambre.

Mon domestique sortit.

J'entendis un pas léger qui passait devant la porte de mon cabinet; puis M. Théodore descendit, ma robe de chambre sur le bras.

Quand je donne à un domestique ce signe de considération de l'appeler *monsieur*, c'est qu'il est remarquable par son idiotisme ou sa friponnerie.

J'ai eu près de moi trois des plus beaux spécimens de ce genre que l'on puisse rencontrer : M. Théodore, M. Joseph et M. Victor.

M. Théodore n'était qu'idiot, mais il l'était bien.

Je constate ceci en passant, afin que le maître chez lequel il est en ce moment, si toutefois il a un maître, ne le confonde pas avec les deux autres.

Au reste, l'idiotisme a un grand avantage sur la friponnerie : on voit toujours assez tôt que l'on a un domestique idiot; on s'aperçoit toujours trop tard que l'on a un domestique fripon.

Théodore avait ses protégés ; ma table est toujours d'une assez large circonférence pour que deux ou trois amis viennent s'y asseoir sans y être attendus. Ils ne trouvent pas toujours bon dîner, mais ils trouvent toujours bon visage.

Eh bien, les jours où le dîner était bon selon le goût de M. Théodore, M. Théodore prévenait ceux de mes amis ou de mes connaissances qu'il préférait aux autres.

Seulement, selon le degré de susceptibilité des gens, il disait aux uns :

— M. Dumas disait ce matin : « Il y a longtemps que je n'ai vu ce cher un tel ; il devrait bien venir me demander à dîner aujourd'hui. »

Et l'ami, certain de prévenir un désir, venait me demander à dîner.

Aux autres, moins susceptibles, Théodore se contentait de dire, en les poussant du coude :

— Il y a un bon dîner aujourd'hui; venez donc.

Et, sur cette invitation, l'ami, qui ne fût probablement pas venu sans cela, venait dîner.

Je cite un détail de la grande personnalité de M. Théodore ; s'il me fallait compléter le portrait, j'y emploierais tout un chapitre.

Revenons donc à la visite annoncée par M. Théodore.

Revêtu de ma robe de chambre, je me hasardai à monter jusqu'à l'atelier. En effet, j'y trouvai une charmante jeune femme, grande de taille, éclatante de blancheur, avec des yeux bleus, des cheveux châtains, des dents magnifiques ; elle avait une robe de taffetas gris-perle montant jusqu'au cou, un châle de façon et d'étoffe arabes, et un de ces charmants chapeaux, malheureusement un peu réprouvés par le goût à Paris, et qui vont si bien même aux femmes laides ou qui ne sont plus jeunes, que l'Allemagne les a surnommés *un dernier essai*.

L'inconnue me tendit une lettre sur l'adresse de laquelle je reconnus l'indéchiffrable griffonnage du pauvre Saphir.

Je mis la lettre dans ma poche.

— Eh bien, me dit la visiteuse avec un accent étranger fortement prononcé, vous ne lisez pas ?

— Inutile, madame, lui répondis-je ; j'ai reconnu l'écriture, et votre bouche est assez gracieuse pour que je désire savoir d'elle-même ce qui me procure l'honneur de votre visite.

— Mais je désire vous voir, voilà tout.

— Bon ! vous n'avez pas fait le voyage de Vienne exprès pour cela ?

— Qui vous le dit ?

— Ma modestie.

— Pardon, mais vous ne passez pas pour modeste, cependant.

— J'ai mes jours de vanité, c'est vrai.

— Lesquels ?

— Ceux où les autres me jugent et où, moi, je me compare.

— A ceux qui vous jugent ?

— Vous avez de l'esprit, madame... Donnez-vous donc la peine de vous asseoir.

— Si je n'avais été que jolie, vous ne m'eussiez donc pas fait cette invitation ?

— Non, je vous en eusse fait une autre.

— Dieu ! que les Français sont fats !

— Ce n'est pas tout à fait leur faute.

— Eh bien, moi, en quittant Vienne pour venir en France, j'ai fait un vœu.

— Lequel ?

— Celui de m'asseoir, tout simplement.

Je me levai et je saluai.

— Me ferez-vous la grâce de me dire à qui j'ai l'honneur de parler ?

— Je suis artiste dramatique, Hongroise de nation ; je me nomme madame Lilla Bulyowsky ; j'ai un mari que j'aime et un enfant que j'adore. Si vous aviez lu la lettre de notre ami commun Saphir, il vous disait tout cela.

— Croyez-vous que vous n'avez pas gagné à me le dire vous-même ?

— Je n'en sais rien ; la conversation, avec vous, prend de si singulières tournures !

— Libre à vous de la remettre sur la route qu'il vous conviendra.

— Bon ! vous êtes sans cesse à lui donner des coups de coude, pour la pousser à droite ou à gauche.

— A gauche, surtout.

— C'est justement le côté où je ne veux pas aller.

— Alors, marchons droit et devant nous.

— J'ai bien peur que ce ne soit pas possible.

— Vous allez voir que si... Redites ce que vous venez de me dire ; vous êtes ?...

— Artiste dramatique.

— Que jouez-vous ?

— Tout : le drame, la comédie, la tragédie. J'ai,

par exemple, joué à peu près toutes vos pièces, depuis *Catherine Howard* jusqu'à *Mademoiselle de Belle-Isle*.

— Et sur quel théâtre ?

— Sur celui de Pesth.

— En Hongrie, alors?

— Je vous ai dit que j'étais Hongroise.

Je poussai un soupir.

— Vous soupirez? me demanda madame Bulyowsky.

— Oui ; un des plus charmants souvenirs de ma vie se rattache à une de vos compatriotes.

— Bon ! voilà que vous poussez encore la conversation à gauche.

— La conversation, pas vous. Imaginez donc... Mais non, continuez.

— Pas du tout. Vous alliez raconter une histoire ; racontez-la.

— Pourquoi faire ?

— Pour m'amuser, donc ! Tout le monde peut vous lire, et il n'est pas donné à tout le monde de vous entendre.

— Vous voulez me prendre par l'amour-propre.

— Moi, je ne veux pas vous prendre du tout.

— Alors, ne nous occupons pas de moi. Vous êtes artiste dramatique, vous êtes Hongroise de nation, vous vous nommez madame Lilla Bulyowsky, vous avez un mari que vous aimez, un enfant que vous adorez, et vous venez à Paris pour me voir.

— D'abord.

— Très-bien ; et après moi ?

— Voir tout ce qu'on voit à Paris.

— Et qui vous fera voir tout ce que l'on voit à Paris ?

— Vous, si vous voulez.

— Vous savez qu'on ne nous aura pas vus trois fois ensemble que l'on dira une chose...

— Laquelle ?

— Que vous êtes ma maîtresse.

— Qu'est-ce que cela fait ?

— A la bonne heure !

— Sans doute, à la bonne heure ; ceux qui me connaissent sauront bien le contraire, et, quant à ceux qui ne me connaissent pas, que m'importe ce qu'ils peuvent dire ?

— Vous êtes philosophe.

— Non, je suis logique. J'ai vingt-cinq ans ; on m'a dit si souvent que j'étais jolie, que j'ai pensé qu'autant valait le croire pendant que c'était vrai que quand cela ne le serait plus. Vous n'imaginez pas que j'aie quitté Pesth pour venir à Paris toute seule, sans même une femme de chambre, avec la conviction qu'on ne tâcherait pas de mordre sur moi. Eh bien, cela ne m'a point arrêtée ; qu'on morde ! mon art avant tout !

— Alors, votre voyage à Paris est une affaire d'art ?

— Pas autre chose ; j'ai voulu voir vos grands poëtes pour savoir s'ils ressemblaient aux nôtres, et vos grands artistes dramatiques pour savoir si j'avais quelque chose à leur prendre ; j'ai demandé à Saphir une lettre pour vous, il me l'a donnée, et me voilà. Avez-vous quelques heures à me consacrer ?

— Toutes les heures que vous voudrez.

— Eh bien, j'ai un mois à rester à Paris, six mille francs à y dépenser tant pour mes achats que pour mon plaisir, et mille francs pour m'en retourner à Pesth. Supposez que Saphir vous ait adressé un étudiant de Leipzig ou de Heidelberg au lieu d'une artiste dramatique du théâtre de Pesth, et arrangez-vous en conséquence.

— Alors, vous dînerez avec moi ?

— Chaque fois que vous serez libre.

— Ces jours-là, nous irons au spectacle.

— Très-bien.

— Tenez-vous à ce qu'il y ait une troisième personne avec nous ?

— Aucunement.

— Et vous vous moquerez de ce que l'on pourra dire ?

— Si vous aviez lu la lettre de Saphir, vous eussiez vu un paragraphe tout entier consacré à ce chapitre.

— Je lirai la lettre de Saphir

— Quand cela ?

— Quand vous serez partie.

— Alors, donnez-moi deux ou trois lettres d'introduction, et je pars : une pour Lamartine, une pour Alphonse Karr, une pour votre fils. A propos, j'ai joué sa *Dame aux Camélias*, à votre fils.

— Je n'ai pas besoin de vous donner de lettre pour lui ; nous dînerons demain ensemble, si vous voulez.

— Je veux bien. On m'a dit que madame Doche était charmante dans *la Dame aux Camélias*.

— Madame Doche dînera avec nous et se chargera de vous conduire quelque part.

— Où cela ?

— Où elle voudra. Il faut donner quelque chose au hasard, dans ce monde.

— Vous me raconterez un jour votre histoire avec ma compatriote.

— Si cela vous fait bien plaisir...

— Oui.

— Quand ?

— Quand je vous le demanderai.

— A merveille !

— Maintenant, mes lettres ; vous comprenez, voilà six ans que j'économise pour venir à Paris ; je n'y reviendrai probablement jamais ; je n'ai pas de temps à perdre.

Je descendis à mon bureau, et j'écrivis les deux ou trois lettres que m'avait demandées madame Bulyowsky ; je remontai et les lui donnai.

J'allais lui baiser la main quand elle m'embrassa franchement sur les deux joues.

— Ne vous ai-je pas annoncé que vous aviez affaire à un étudiant de Leipzig ou de Heidelberg ?

— Oui.

— Eh bien donc, à l'allemande : ou la poignée de main ou l'accolade.

— Va pour l'accolade ; il y a un proverbe, en France, qui dit que, d'une mauvaise paye, il faut tirer ce que l'on peut. Ainsi donc à demain, à dîner.

— A demain, à dîner. Où ?

— Ici.

— A quelle heure ?

— A six heures.

— Très-bien ; si je suis en retard de quelques minutes, il ne faut pas m'en vouloir.

— De même que, si vous êtes en avance de quelques minutes, il ne faut pas vous en savoir gré ?

— Non, j'ai du plaisir à être avec vous, et, si je suis en avance, je serai en avance pour ma propre satisfaction. A demain.

Et elle descendit légèrement l'escalier, se retournant au palier pour me jeter un dernier signe d'amitié.

A la porte de mon cabinet de travail, je trouvai M. Théodore, les yeux écarquillés et la bouche souriante.

— Eh bien, monsieur voit que je ne suis pas encore si bête qu'il le dit ?

— Non, repris-je ; mais vous êtes encore plus sot que je ne le croyais.

Et je rentrai dans mon cabinet, le laissant tout ébahi.

II

Pendant un mois, je dînai deux ou trois fois par semaine, avec madame Bulyowsky, et, deux ou trois fois par semaine, je la conduisis au spectacle.

Je dois dire que nos *étoiles* l'éblouirent peu, à part Rachel.

Madame Ristori n'était point à Paris.

Un matin, elle arriva chez moi.

— Je pars demain, dit-elle.

— Pourquoi partez-vous demain?

— Parce qu'il me reste juste assez d'argent pour retourner à Pesth.

— En voulez-vous?

— Non ; j'ai vu à Paris tout ce que je voulais y voir.

— Combien vous reste-t-il ?

— Mille francs.

— C'est plus qu'il ne vous faut, de moitié.

— Non ; car je ne vais pas directement à Vienne.

— Voyons votre itinéraire ?

— Voici : je vais à Bruxelles, à Spa, à Cologne ; je remonte le Rhin jusqu'à Mayence, et, de là, à Mannheim.

— Que diable allez-vous faire à Mannheim? Werther s'est brûlé la cervelle et Charlotte est trépassée.

— Je vais voir madame Schrœder.

— La tragédienne ?

— Oui ; la connaissez-vous ?

— Je l'ai vue jouer une fois à Francfort ; mais j'ai beaucoup connu ses deux fils et sa fille.

— Ses deux fils ?

— Oui.

— Je n'en connais qu'un, Devrient.

— Le comédien ; moi, je connais l'autre, le prêtre, qui demeure à Cologne, derrière l'église Saint-Gédéon; si vous voulez, je vous donnerai une lettre pour lui.

— Merci, c'est à sa mère que j'ai affaire.

— Que lui voulez-vous ?

— Je suis Hongroise, je vous l'ai dit ; je joue la comédie, le drame et la tragédie en hongrois. Eh bien, je suis lasse de ne parler qu'à six ou sept millions de spectateurs ; je voudrais jouer la comédie en allemand, pour parler à trente ou quarante millions d'hommes. Pour cela, je veux voir madame Schrœder, répéter en allemand une scène devant elle, et, si elle me donne l'espoir qu'avec un an de travail je puis perdre ce que j'ai d'accent, je vends quelques diamants, j'habite les villes qu'elle habitera, je la suis comme dame de compagnie, comme femme de chambre, si elle veut, et, au bout d'un an, je me lance sur les théâtres de l'Allemagne... Eh bien, qu'y a-t-il ?

— Il y a que je vous admire.

— Non, vous ne m'admirez pas ; vous trouvez cela tout simple ; je suis horriblement ambitieuse, j'ai eu de grands succès, j'en veux de plus grands encore.

— Avec cette volonté-là, vous les aurez.

— Maintenant, nous dînons ensemble, n'est-ce pas ? Nous allons au spectacle une dernière fois ; vous me donnez des lettres pour Bruxelles, où je m'arrête un jour ou deux et d'où j'expédie tout mon bagage à Vienne ; nous nous disons adieu, et je pars.

— Pourquoi nous disons-nous adieu ?

— Mais, je vous le répète, parce que je pars.

— Il m'est venu une idée.

— Laquelle?

— J'ai affaire à Bruxelles. Or, au lieu de vous donner des lettres, je pars avec vous; seule, vous vous ennuieriez à mourir, soyez franche.

Elle se mit à rire.

— J'étais sûre que vous alliez me proposer cela, me dit-elle.

— Et vous étiez d'avance décidée à l'accepter?

— Ma foi, oui. En vérité, je vous aime beaucoup.

— Merci.

— Et qui sait si nous nous reverrons jamais! Ainsi, c'est convenu, nous partons demain.

— Demain; par quel train?

— Par celui de huit heures du matin. Je me sauve.

— Déjà!

— J'ai énormément à faire; vous comprenez un dernier jour... A propos...

— Quoi?

— Nous ne partons pas ensemble, nous nous rencontrons là-bas par hasard...

— Pourquoi cela?

— Parce que je pars avec des gens de ma connaissance.

— Des Viennois?

— Oui.

— Votre conscience ne vous suffit donc plus ?

— Ce sont des imbéciles.

— Faisons mieux que cela.

— Le mieux est l'ennemi du bien.

— Au lieu de partir demain matin, partez demain au soir.

— Ils ne partiront que demain au soir : ils sont décidés à partir avec moi.

— Et jusqu'où vont-ils comme cela ?

— Jusqu'à Bruxelles seulement.

— Attendez ; voici ce que nous faisons : nous partons demain au soir.

— Vous insistez ?

— J'insiste ; vous ferez bien cela pour moi, que diable ! vous n'êtes pas en avance.

— Vous me le reprochez ?

— Non, je le constate.

— Eh bien, dites, nous verrons après.

— Nous partons donc par le train du soir; nous ne nous rencontrons même pas ; vous montez dans un wagon quelconque avec vos Viennois; je vous vois monter et vous désigne à l'un des employés; moi, je monte dans un wagon tout seul; à la deuxième ou troisième station, vous vous plaignez d'étouffer ; l'employé du chemin de fer vous propose de venir dans un wagon moins habité ; vous acceptez, vous venez dans le mien, où vous prenez tout l'air qu'il vous faut... et où vous dormez tranquille toute la nuit.

— Et où je dors tranquille ?
— Parole d'honneur.
— En effet, cela peut s'arranger ainsi.
— Donc, cela s'arrange ?
— Parfaitement.
— Alors, à ce soir ?
— Non, à demain.
— Nous dînons demain ensemble ?
— Impossible ; partant le soir, je suis obligée de dîner avec mes Viennois.
— Ainsi, nous ne nous verrons qu'au chemin de fer ?
— Je tâcherai de venir vous serrer la main dans la journée.
— Venez.

Je commençais à m'habituer à découvrir un charmant camarade sous ce taffetas et sous cette soie où j'avais cru trouver une jolie femme.

Nous nous donnâmes une poignée de main, et Lilla partit.

Le lendemain, je reçus ce petit mot :

« Impossible d'aller vous voir, je bataille avec mes tailleuses et mes marchandes de modes. J'emballe de quoi monter un magasin à Pesth. Je ne sais pas comment j'aurais fait si j'avais dû partir ce matin.

» A ce soir. *Bonne nuit.*

» LILLA. »

Le mot *bonne nuit,* fortement souligné, me paraissait passablement ironique.

— Bonne nuit! répétai-je; cependant, on ne sait pas ce qui peut arriver.

Le soir, j'étais au chemin de fer, une demi-heure d'avance. Je ne sais si jamais je trouverai une occasion de remercier les chemins de fer en masse de toutes les attentions dont je suis l'objet de la part des employés, dès qu'on me voit apparaître dans un de ces couloirs sur la porte desquels sont écrits en grosses lettres ces mots sacramentels :

LE PUBLIC N ENTRE PAS ICI

J'allai trouver le chef de gare; je lui expliquai la situation.

Il se mit à rire.

— Eh bien, non, lui dis-je.

— Vraiment?

— Parole d'honneur!

— Oh! oui; mais pendant la route...

— Je ne crois pas.

— N'importe. Bonne chance!

— Prenez garde : on ne souhaite pas bonne chasse à un chasseur.

Je montai dans mon wagon, où le chef de gare m'enferma hermétiquement, en suspendant à la poignée de ma portière une pancarte sur laquelle étaient écrits en grosses lettres ces mots :

CAISSE LOUÉE

Lorsque j'entendis le bruit que faisaient les voyageurs en accourant prendre leurs places, je passai la tête par la portière, j'appelai le chef de train et lui montrai madame Bulyowsky montant dans un wagon avec ses trois Viennois et ses quatre Viennoises, lui expliquant ce que j'attendais de sa complaisance.

— Laquelle est-ce? me demanda-t-il.

— La plus jolie.

— Alors, celle qui a un chapeau à la mousquetaire?

— Justement.

— Vous n'êtes pas maladroit, vous!

— C'est votre opinion?

— Dame!

— Eh bien, ce n'est pas la mienne.

Le chef de train me regarda d'un air narquois et s'éloigna en secouant la tête.

— Secouez la tête tant que vous voudrez, c'est comme cela, lui dis-je, tout dépité de ne pouvoir faire croire à mon innocence.

Le train partit. A la station de Pontoise, il faisait nuit close.

Ma portière s'ouvrit, et j'entendis la voix du chef de gare qui disait :

— Montez, madame, c'est ici.

J'étendis la main et j'aidai ma belle compagne de voyage à enjamber les deux degrés.

— Ah! vous voilà enfin! m'écriai-je.

— Le temps vous a semblé long?

— Je crois bien, j'étais seul.

— Eh bien, moi, tout au contraire, il m'a semblé long parce que j'étais avec quelqu'un. Heureusement que je fermais les yeux et que je pensais à vous.

— Vous pensiez à moi?

— Pourquoi pas?

— Ce n'est pas moi qui vous querellerai à ce sujet. Seulement, de quelle façon pensiez-vous à moi?

— De la façon la plus tendre possible.

— Bah!

— Oui, je vous jure que je vous suis profondément reconnaissante de la façon dont vous vous conduisez avec moi.

— Ah! vraiment?

— Parole d'honneur!

— C'est toujours cela. Seulement, arrivée à Vienne, vous vous moquerez de moi.

— Non, attendu que non-seulement je suis une honnête femme, mais encore parce que je crois être une femme d'esprit.

— Et moi, suis-je un homme d'esprit?

— Avec tout le monde et pour tout le monde, oui.

— Oui, mais pour vous?

— Pour moi, vous êtes mieux que cela : vous êtes un homme de cœur. Maintenant, embrassez-moi et souhaitez-moi une bonne nuit; je me sens très-fatiguée.

Je l'embrassai à l'allemande ou à l'anglaise, comme on voudra. Elle me rendit un baiser qui, pour une

Française, eût été fort significatif ; puis elle s'arrangea dans son coin.

Je la regardai faire, en me disant que, bien certainement, lorsqu'un homme manquait de respect à une femme, c'est que la femme le voulait bien.

Elle changea deux ou trois fois de position, se plaignit doucement, rouvrit les yeux, me regarda et dit :

— Décidément, je crois que je serai mieux la tête appuyée sur votre épaule.

— Peut-être serez-vous mieux, lui répondis-je en riant ; mais, à coup sûr, moi, je serai plus mal.

— De sorte que vous me refusez ?

— Peste ! je n'ai garde.

Nous étions en face l'un de l'autre. Je changeai de place et m'assis près d'elle. Elle ôta son chapeau, noua un mouchoir de soie sous son cou, s'accommoda sur mon épaule, et, au bout d'un instant :

— Je suis très-bien comme cela, me dit-elle ; et vous ?

— Moi, je n'ai pas d'opinion.

— Alors, à demain matin ; peut-être vous en serez-vous fait une. La nuit porte conseil.

Puis elle fit encore deux ou trois petits mouvements, comme l'oiseau qui arrange son cou sous son aile, chercha ma main de sa main, la serra doucement en signe de bonsoir, remua les lèvres pour m'adresser une parole inintelligible et s'endormit.

Je n'ai jamais éprouvé une plus singulière sensation que celle qui s'empara de moi lorsque les cheveux de cette charmante créature s'appuyèrent sur mes joues, lorsque son souffle passa sur mon visage. Sa physionomie avait pris une expression enfantine, virginale, tranquille, que je n'avais jamais vue à aucune femme dormant sur ma poitrine.

Je restai longtemps à la regarder ; puis, peu à peu, mes yeux se fermèrent, se rouvrirent, se refermèrent. J'appuyai mes lèvres sur son front, en murmurant à mon tour : «Bonne nuit! » et je m'endormis doucement et délicieusement.

A Valenciennes, le chef de train en personne ouvrit notre voiture en criant :

— Valenciennes, vingt minutes d'arrêt!

Nous ouvrîmes les yeux en même temps, et nous nous mîmes à rire.

— En vérité, je crois que je n'ai jamais si bien dormi, me dit Lilla.

— Ma foi, lui dis-je, ce que je vais vous répondre n'est peut-être pas très-galant : mais ni moi non plus.

— Vous êtes un homme charmant, me dit-elle, et vous avez un grand mérite.

— Lequel?

— Celui d'être mal connu; ce qui ménage des surprises à ceux qui font votre connaissance.

— Vous promettez de me réhabiliter près de Saphir?

— Je vous le jure.

— Et de m'envoyer des pratiques?

— Oh! quant à cela, non, je vous le promets.

— Cependant, si je me conduisais avec vos recommandées comme je me conduis avec vous?

— J'en serais horriblement peinée.

— Et si je me conduisais d'une façon tout opposée?

— J'en serais horriblement furieuse.

— Mais enfin, que préféreriez-vous?

— Inutile de vous le dire, puisque je ne vous enverrai personne.

— Descendez-vous, ou restez-vous?

— Je reste, je suis trop bien. Seulement, laissez-moi changer de place et me mettre sur votre épaule droite.

— Vous trouvez que, comme saint Laurent, je suis assez rôti du côté gauche, n'est-ce pas? Allons, faites.

Elle s'accommoda sur mon épaule droite comme

elle avait fait sur mon épaule gauche, s'endormit de nouveau et ne se réveilla qu'à Bruxelles.

— Descendez-vous? me dit-elle.

— Bon! et vos Viennois, que diront-ils en nous voyant ensemble?

— C'est vrai, je les avais oubliés. Où logez-vous d'habitude?

— A l'hôtel de l'Europe; mais on y a si mauvaise opinion de moi, que, pour vous, j'aimerais mieux aller ailleurs.

— Choisissez.

— Alors, à l'hôtel de Suède.

— Eh bien, comme vous serez arrivé avant moi, vu mes dix ou douze colis, faites-moi préparer ma chambre.

— Soyez tranquille.

— Vous ne m'embrassez pas?

— Ma foi, non; c'est à vous de m'embrasser si l'envie vous en tient.

— Vous êtes bien l'être le plus exigeant que je connaisse! dit-elle.

Et elle m'embrassa en éclatant de rire.

Une heure après, elle était à l'hôtel de Suède. Je la conduisais à sa chambre, je lui baisais respectueusement la main et je sortais en murmurant :

— Comme ce serait charmant si l'on pouvait avoir une femme pour ami!

Il va sans dire que j'avais fait préparer ma chambre de l'autre côté du carré.

Je pris un bain et me couchai.

Lorsque je me réveillai, je m'informai de ma compagne de voyage. Elle était déjà sortie et avait fait charger ses dix ou douze colis, qui devaient s'en aller par la petite vitesse, tandis qu'elle ferait sa tournée artistique à la recherche de madame Schrœder.

Comme tous les artistes qui ont l'habitude des locomotions rapides, ma compagne de voyage avait cela d'admirable qu'elle n'était pas plus embarrassante qu'un homme, qu'elle faisait et ficelait ses malles, qu'elle bourrait et fermait ses sacs de voyage, et qu'elle était toujours prête cinq minutes avant l'heure; ce qu'il ne faut jamais prendre la peine de demander à une femme du monde.

Pendant que je m'informais d'elle, elle revint.

— Ah! par ma foi, lui dis-je, je vous croyais envolée.

— Je l'étais, en effet.

— Oui, mais pour toujours.

— Je suis de la nature des hirondelles, je reviens au nid.

— Qu'avez-vous fait?

— J'ai embarqué toutes mes malles, j'en ai pris des reçus; de sorte que je reste avec la robe que j'ai sur moi, une autre dans mon sac de nuit et six chemises. Un étudiant, vous le voyez, ne ferait pas mieux.

— Et quand partez-vous?

— Quand vous voudrez.

— Vous voulez voir Bruxelles, cependant?

— Qu'y a-t-il à voir à Bruxelles?

— L'église Sainte-Gudule, la place de l'Hôtel-de-Ville et le passage Saint-Hubert.

— Et puis?

— Et puis l'Allée-Verte.

— Et puis?

— Et puis c'est tout.

— Eh bien, menez-moi dans un cabaret quelconque; je vous y donne à déjeuner.

— Vous?

— Oui... Mes colis me coûtent moins cher de port que je ne croyais : je suis riche. Que mange-t-on ici?

— Des huîtres d'Ostende, du bœuf fumé, des écrevisses.

— Et que boit-on?

— Du faro et du lambic.

— Allons boire du faro et du lambic, et manger

des écrevisses, du bœuf fumé et des huîtres d'Ostende.

— Allons.

Nous partîmes.

Je vous jure que, si ma compagne avait eu un pantalon et une redingote, au lieu d'avoir une robe et un burnous, j'aurais été dupe de mon illusion et me serais cru le mentor d'un beau jeune homme, au lieu d'être le cavalier d'une charmante femme.

Nous déjeunâmes ; puis nous visitâmes l'église Sainte-Gudule, le passage Saint-Hubert, la place de l'Hôtel-de-Ville ; nous fîmes un tour à l'Allée-Verte, et nous revînmes à l'hôtel de Suède.

— Alors, nous avons vu tout ce qu'il y a à voir à Bruxelles ? me demanda ma compagne de voyage.

— Tout, excepté le Musée.

— Qu'y a-t-il au Musée ?

— Il y a quatre ou cinq Rubens magnifiques, et deux ou trois Van Dyck merveilleux.

— Pourquoi ne me disiez-vous pas cela tout de suite ?

— Je l'avais oublié.

— Beau cicérone !... Allons voir le Musée.

Nous allâmes voir le Musée. La grande artiste, qui connaissait Shakspeare comme Schiller, Victor Hugo comme Shakspeare, Calderon comme Victor Hugo, connaissait Rubens et Van Dyck comme Calderon, et parlait peinture comme elle parlait théâtre.

Nous restâmes deux bonnes heures au Musée

— Eh bien, me dit-elle en sortant, qu'ai-je encore à voir dans la capitale de la Belgique?

— Madame Pleyel, si vous voulez.

— Madame Pleyel! madame Pleyel la grande artiste? celle dont Liszt m'a tant parlé?

— Elle-même.

— Vous la connaissez?

— Parfaitement.

— Et vous pouvez me présenter à elle?

— Dans une demi-heure.

— Une voiture!

Et mon enthousiaste Hongroise fit signe à un cocher, qui accourut, et qui, m'ayant reconnu, ouvrit sa portière avec empressement.

Un des étonnements de ma compagne de voyage était cette popularité qui fait que non-seulement dans les rues de Paris, sur dix personnes près desquelles je passe, cinq me saluent de la tête ou de la main, mais qui, après m'avoir accompagné en province, passe avec moi la frontière et m'escorte à l'étranger. Or, nous étions arrivés à Bruxelles, et, à Bruxelles, cochers compris, ce n'étaient plus cinq, mais huit personnes sur dix qui me connaissaient.

Nous montâmes en voiture ; madame Pleyel demeurait fort loin, au fond du faubourg de Schaerbeek ; de sorte que ma belle compagne eut tout le temps de m'interroger sur la grande artiste que nous allions visiter, et que j'eus tout le temps, moi, de répondre à ses interrogations.

Il y avait quelque chose comme vingt-cinq ans que je connaissais madame Pleyel. Un jour, on me l'annonça, lorsqu'elle n'avait encore d'autre auréole que la célébrité commerciale de son mari. Je ne la connaissais pas personnellement ; je vis entrer chez moi une jeune femme maigre, brune, avec des dents blanches, des yeux noirs magnifiques et une incroyable mobilité de physionomie.

A la première vue, je compris que j'avais affaire à une artiste.

Et, en effet, flottant dans l'indécision, sentant battre en elle un cœur enthousiaste, elle ignorait encore vers quel art elle était entraînée, et venait me demander conseil sur ce qu'elle devait faire.

A cette époque, elle croyait voir son avenir au théâtre.

J'étais en train de faire *Kean*. J'allai à ma table,

je pris mon manuscrit, je l'ouvris à la scène entre Kean et Anna Damby, et je la lui lus ; la situation était identique.

En outre, madame Pleyel n'était pas libre : elle avait un mari ; il fallait, pour qu'elle entrât au théâtre, rompre avec des convenances sociales dont l'arrachement est toujours saignant et douloureux.

J'eus le bonheur de la convaincre, momentanément du moins, que tous les triomphes de la scène ne valent pas la tranquille monotonie du ménage.

« Elle fila de la laine et demeura à la maison, » écrivaient les anciens Romains sur le tombeau de leurs matrones.

Je n'avais plus entendu parler de madame Pleyel pendant un an ou deux. Tout à coup, j'appris qu'un malheur lui était arrivé.

J'ai oublié de quel piége infâme elle avait été victime.

Elle était obligée de s'exiler.

Elle ne pensa point à moi dans son malheur, — si grand, qu'elle ne pensa à rien qu'à quitter la France.

Elle partit avec sa mère.

Toutes deux étaient à Hambourg, près de mourir de faim, lorsqu'un jour, en passant devant un marchand d'instruments de musique, il prit à madame

Pleyel une véritable envie d'entrer dans ce magasin, comme si elle voulait acheter un piano afin de rafraîchir son cœur avec un peu d'harmonie.

Elle n'était point alors l'admirable artiste qu'elle est aujourd'hui; cependant, le malheur avait avivé chez elle la flamme du génie. Elle s'assit devant l'instrument, laissa tomber ses doigts sur le clavier, et en tira, dès les premiers accords, des cris déchirants.

Le marchand, qui, ne la connaissant point, n'avait eu pour elle que la courtoisie mercantile que l'on a pour une cliente ordinaire, s'approcha d'elle et écouta.

Elle ne jouait aucun air connu : elle improvisait. Mais, dans cette improvisation, il y avait tout ce qu'elle avait souffert depuis trois mois : déception d'amour, douleurs, désillusions, larmes, exil : il y avait jusqu'aux terribles cris de ce vautour qui planait sur elle et que l'on appelle la faim.

— Qui êtes-vous et que puis-je faire pour vous? lui demanda le marchand quand elle eut fini.

Elle fondit en larmes et lui raconta tout.

Alors l'excellent homme lui fit comprendre quel sévère mais sublime instituteur est la douleur; il lui montra la voie mystérieuse par laquelle la Providence la poussait à la fortune, à l'illustration, à la gloire peut-être, elle doutait d'elle-même : il la rassura, fit porter chez elle son meilleur piano, et la poussa à donner un concert.

Un concert ! donner un concert, elle qui, la veille encore, ignorait son génie !

Le marchand insista, se chargeant de tous les frais, répondant enfin de tout.

Elle se décida, la pauvre Marie.

Elle s'appelait Marie, comme Malibran, comme Dorval.

J'ai été l'ami intime de ces trois illustres et malheureuses femmes. J'ai tort de dire malheureuses : c'est l'épithète d'*heureuse*, au contraire, qu'il faut accoler au nom de Marie Pleyel.

Heureuse, car son concert réussit ; car alors elle entrevit l'avenir de succès qui lui était réservé.

Pendant dix ans, Saint-Pétersbourg, Vienne, Dresde retentirent de ses succès. Elle revint dans la Belgique, sa patrie, et, contre toutes les traditions reçues, justice lui fut rendue.

On la nomma professeur au Conservatoire.

Ce fut alors qu'elle revint à Paris, où sa réputation l'avait précédée : elle donna des concerts et fi fureur.

Je la revis.

Puis, à mon tour, après le 2 décembre, j'allai en Belgique, et, pour la troisième fois, je la retrouvai.

Lorsque nous sonnâmes à sa porte, madame Bulyowsky la connaissait aussi bien que moi.

Sa femme de chambre jeta un cri de joie en me reconnaissant.

— Oh! que madame va être contente! s'écria-t-elle.

Et, sans penser à refermer la porte derrière nous, elle s'élança dans le salon, en criant mon nom.

— Eh bien, demandai-je à ma compagne de voyage, doutez-vous encore que nous soyons bien reçus ?

Elle n'avait pas eu le temps de répondre, que Marie Pleyel venait au-devant de nous, majestueuse comme une reine, gracieuse comme une artiste.

— Embrassez-vous d'abord, dis-je aux deux femmes, vous ferez connaissance après.

Ma compagne de voyage jeta ses deux bras au cou de Marie Pleyel, et un instant je restai à admirer ces deux créatures si différentes d'aspect et si réellement belles, chacune d'une beauté opposée à celle de l'autre.

Madame Bulyowsky, mince, flexible, blonde et

rose, pleine d'effusion, comme les Allemandes et les Hongroises.

Madame Pleyel, grande, aux formes admirablement accusées, brune, calme, presque sévère.

Un sculpteur qui aurait pu rendre ce groupe, reproduire ces deux natures si opposées, eût eu un splendide succès.

L'accolade donnée, je les pris chacune sous un bras. J'entrai avec elles au salon, les fis asseoir l'une à ma droite, l'autre à ma gauche, et m'assis à côté d'elles.

Puis j'expliquai notre visite à madame Pleyel.

— C'est-à-dire que vous avez envie de m'entendre? dit madame Pleyel à la visiteuse.

— J'en meurs!

— C'est bien facile, mon Dieu! Vous êtes avec un homme qui a le privilége de me faire faire tout ce qu'il veut.

Je lui sautai au cou; je ne l'avais pas embrassée encore, moi.

— Que voulez-vous que je lui joue, à votre tragédienne? me demanda-t-elle tout bas.

— Quelque chose dans le genre de ce que vous avez joué chez votre marchand de pianos de Hambourg.

Elle sourit de ce triste et charmant sourire qui rappelle les souffrances passées, et jeta au vent un éblouissant prélude.

— Ah! Marie, Marie, lui dis-je, vous êtes heureuse! Ce n'est pas du bonheur que nous vous demandons.

— Et si mon cœur éclate comme celui d'Antonia?

— Bon! je mettrai ma main dessus et l'empêcherai de se briser.

Elle me regarda, haussa doucement les épaules :

— Fat! me dit-elle.

Et elle commença.

Je n'essayerai pas de vous dire ce que la grande artiste nous joua. Jamais, sous aucune main, l'ivoire et le bois n'ont rendu de pareils accords; sans interruption, pendant une heure, les plus poignantes sensations, les plus enivrantes douleurs se succédèrent; l'instrument lui-même semblait souffrir, se plaindre, gémir, se lamenter.

Enfin, au bout d'une heure, elle se leva avec un cri.

— Vous n'avez pas pitié de moi, me dit-elle; ne voyez-vous pas que vous me tuez?

Je regardai madame Bulyowsky. Elle était pâle, frissonnante, presque évanouie.

Auditeur et instrumentiste étaient dignes l'un de l'autre.

Les deux femmes s'embrassèrent de nouveau ; j'entraînai madame Bulyowsky ; je craignais plus pour cette nature frêle et nerveuse que pour la vigoureuse et puissante nature de Marie Pleyel.

— Eh bien, lui demandai-je une fois dans la rue, voulez-vous encore voir quelque chose à Bruxelles?

— Et que voulez-vous que je voie, après avoir vu et entendu cette admirable femme? me demanda-t-elle.

— Alors, que faisons-nous?

— Moi, je pars pour Spa... Et vous?

— Parbleu! moi, je vous suis.

Un quart d'heure après, nous étions au chemin de fer et nous partions pour la ville des eaux et des jeux, que je n'avais pas eu la curiosité d'aller visiter pendant mes trois ans de séjour en Belgique.

III

Une fois dans le chemin de fer, ma compagne respira.

— Quelle admirable artiste! me dit-elle.

— Vous êtes aussi grande qu'elle, chère Lilla, puisque vous la comprenez.

— En attendant, me voilà malade pour huit jours.

— Bah! comment cela?

— Je n'ai pas un nerf par tout le corps qui ne soit brisé.

Elle poussa un soupir.

— Voulez-vous que j'essaye de vous calmer? lui demandai-je.

UNE AVENTURE D'AMOUR

— Comment cela?

— En vous magnétisant. Nous sommes seuls dans le wagon, et vous avez assez de confiance en moi, n'est-ce pas, pour vous laisser endormir un instant? Vous vous réveillerez, sinon guérie, du moins soulagée.

— Je le veux bien, essayez; mais je vous préviens que les magnétiseurs ont toujours échoué lorsqu'ils ont voulu m'endormir.

— Parce que vous avez résisté. Ayez la volonté de m'être soumise, et vous verrez que, si je ne vous endors pas complétement, je vous assoupirai, du moins.

— Je ne réagirai pas, je vous le promets.

— Qu'éprouvez-vous?

— Une violente chaleur à la tête.

— C'est donc la tête qu'il faut d'abord calmer.

— Oui... Comment allez-vous vous y prendre?

— Oh! ne me le demandez pas; je n'ai point étudié le magnétisme comme science, je l'ai ressenti comme instinct. J'en ai fait, pour me rendre compte à moi-même de sa puissance et de ses effets, au moment où j'écrivais *Balsamo*, et, depuis, lorsqu'on m'a prié d'en faire, mais jamais pour mon plaisir; la chose me fatigue trop.

— A la bonne heure ! voilà au moins qui prouve que vous êtes de bonne foi. Alors, pour vous, le magnétisme est une chose en dehors des choses matérielles ?

— Entendons-nous ; il y a, à mon avis, une partie de la puissance du magnétisme qui tient au monde physique et, par conséquent, matériel. Cette partie, j'essayerai de vous l'expliquer en philosophe. Lorsque la nature a créé l'homme et la femme, elle n'a pas, toute prévoyante qu'elle est, eu la moindre idée des lois qui régiraient les sociétés humaines : avant de songer à créer l'homme et la femme, elle avait, comme dans les autres espèces d'animaux, songé à créer le mâle et la femelle. Sa principale affaire, à cette grande Isis aux cent mamelles, à la Cybèle grecque, à la Bonne Déesse romaine, c'était la reproduction des espèces. De là la lutte éternelle des instincts charnels contre les lois sociales, de là, enfin, la puissance d'asservissement de l'homme sur la femme et d'attraction de la femme vers l'homme. Eh bien, un des mille moyens employés par la nature pour en venir à son but est le magnétisme. Les effluves physiques sont autant de courants qui entraînent le faible vers le fort ; et c'est si vrai, que je crois que le magnétiseur prend une influence irrésistible sur le sujet qu'il magnétise, non-seulement lorsque ce sujet est endormi, mais encore quand il est éveillé.

— Et vous m'avouez cela !

— Pourquoi ne vous l'avouerais-je pas ?

— Au moment où vous me proposez de m'endormir !

— Me croyez-vous ou non un honnête homme ?

— Je vous crois un honnête homme ; et la preuve est dans la façon dont j'agis avec vous ; car enfin qui vous empêcherait de dire que j'ai été votre maîtresse ?

— Et que me reviendrait-il de faire ce mensonge ?

— Dame ! je ne sais, moi, ce qui revient aux hommes à bonnes fortunes.

— Eh ! chère Lilla, m'avez-vous jamais fait l'injure de croire que j'eusse la prétention d'être ou de passer pour un homme à bonnes fortunes ?

— On m'avait dit là-bas que vous étiez l'homme le plus vaniteux de France.

— C'est possible ; mais ma vanité n'a jamais eu, si jeune que j'aie été, ce que vous appelez *les bonnes fortunes* pour objet. Dans certaine position de richesse ou de célébrité, on n'a pas le temps de chercher, on n'a pas besoin de mentir. J'ai eu au bras les plus jolies femmes de Paris, de Florence, de Rome, de Naples, de Madrid et de Londres, souvent non-seulement les plus jolies femmes, mais les plus grandes dames, et je n'ai jamais dit un mot qui pût faire croire — celle qui s'appuyait à mon bras fût-elle grisette, actrice, princesse ou reine — que je ressentisse autre chose pour cette femme que le respect ou la reconnaissance que j'ai toujours eue pour la femme qui se mettait sous ma protection si elle était faible, qui me prenait sous la sienne si elle était puissante.

Lilla me regarda, et murmura entre ses lèvres:

— Comme c'est bizarre, les réputations que l'on fait aux gens!

Puis aussitôt, sans transition, elle ajouta:

— J'ai la tête qui me brûle ; endormez-moi.

Je me levai, lui ôtai son chapeau, lui soufflai sur la tête, passant après chaque haleine ma main sur ses cheveux, jusqu'à ce qu'elle me dît:

— Ah! je me sens mieux, ma tête se dégage.

Alors je m'assis devant elle et lui appuyai simplement la main sur le haut du front, en lui disant à demi-voix, mais impérativement :

— Maintenant, dormez!

Deux minutes après, elle dormait d'un sommeil aussi paisible que celui d'un enfant.

Chose singulière! ni ma compagne de voyage ni moi n'avions jamais été à Spa; ni elle ni moi ne connaissions le nom des stations ; eh bien, en partant de la dernière, avant la station définitive, elle commença de s'agiter, de se tourmenter, et balbutia quelques paroles inintelligibles.

Je lui touchai les lèvres du bout du doigt et lui dis:
— Parlez!

Alors, sans effort aucun :
— Nous arrivons, dit-elle ; réveillez-moi.

Je la réveillai, et, en effet, cinq minutes après, le sifflet de la locomotive annonçait que nous arrivions dans la station.

Elle se sentait beaucoup mieux.

Nous descendîmes à l'hôtel de l'Orange, le meilleur de la ville. Comme on était encore dans la saison des bains, l'hôtel était à peu près plein.

Il ne restait que deux chambres communiquant l'une avec l'autre ; seulement, la porte de communication était condamnée de chaque côté par le lit. D'un côté, la sûreté du voyageur était assurée par la serrure, de l'autre côté par un verrou.

Il va sans dire que la porte s'ouvrait du côté où était la serrure.

Je montrai à ma compagne de voyage la topographie de l'auberge. Je fis monter la maîtresse de la maison pour qu'elle lui assurât elle-même qu'il n'y avait aucun piége dans cette contiguïté, et lui donnai le choix entre les deux chambres.

Elle choisit le côté du verrou en me priant seulement de transporter mon lit contre le mur, au lieu de le laisser contre la porte ; ce que je m'empressai de faire.

Il était dix heures du soir ; ma compagne de voyage prit une tasse de lait et se coucha : sa tête était calme et dégagée, mais elle éprouvait quelques douleurs d'estomac.

Je soupai plus solidement, pris dans mon sac de nuit un volume de Michelet, me couchai et me mis à lire.

Après une heure de lecture, et au moment où je venais d'éteindre ma bougie, j'entendis frapper doucement à la porte de communication.

Je crus m'être trompé ; mais l'appel fut suivi de ces deux mots prononcés à voix basse :

— Dormez-vous ?

— Pas encore ; et il paraît que vous ne dormez pas non plus.

— Je souffre.

En effet, la voix était altérée.

— Qu'avez-vous ?

— D'affreuses crampes d'estomac.

— Mon Dieu !

— Ne vous en inquiétez pas ; cela m'arrive quelquefois, cela est douloureux, mais n'a rien d'inquiétant.

— Voulez-vous que j'appelle ?

— Non ; l'éther même n'y fait rien.

— Et moi, puis-je plus que l'éther ?

— Peut-être.

— Comment cela ?

— Essayez de m'endormir.

— A travers la porte ?

— Oui.

— Je doute que j'y réussisse ; je vais essayer.

J'essayai de faire entrer ma volonté dans cette chambre de laquelle la pudeur de la malade m'exilait; mais je n'obtins qu'un demi-résultat.

— Eh bien ? lui demandai-je.

— Je sens que je m'engourdis ; mais, à travers cet engourdissement, je continue de souffrir.

— Il faudrait que je pusse vous toucher la poitrine comme je vous ai touché la tête ; alors la douleur cesserait.

— Le croyez-vous ?

— Je le crois.

— Eh bien, si vous voulez ouvrir la porte, je viens de tirer le verrou.

Je passai un pantalon à pieds, et, guidé par la lumière de la bougie qui éclairait les fissures de la porte, j'allai à la clef que je tournai, et, comme j'avais tiré les tringles du haut et du bas, les deux battants s'ouvrirent.

Mon premier coup d'œil fut entièrement scrutateur; ma voisine jouait-elle une comédie, ou souffrait-elle réellement?

Elle était pâle, avait la bouche réellement crispée l'angle, et les muscles du visage agités de petits mouvements convulsifs.

Je lui pris la main; je la trouvai froide, humide, tremblotante; elle souffrait réellement.

— Ne vous semble-t-il pas bizarre, me dit-elle, qu'au lieu de sonner une fille de l'hôtel et de demander un calmant quelconque, ce soit vous que j'appelle et que j'empêche de dormir?

— Non pas; au contraire, cela me paraît tout simple, tout naturel.

— Je vais vous avouer une chose.

— Bah! serait-ce que vous m'aimez, par hasard?

— Vous savez bien que je vous aime et beaucoup; mais ce n'est point cela... Attendez, je souffre.

Et le visage de la malade prit, en effet, une telle expression de douleur, qu'il n'y avait point à s'y tromper.

Je passai mon bras sous sa tête et la soulevai : elle se roidit, quelques frissons passèrent par tout son corps, puis elle rentra dans l'immobilité.

— C'est passé dit-elle.

— Vous alliez me dire quelque chose, me faire un aveu ?

— Oui, j'allais vous avouer que mon sommeil dans le wagon avait non-seulement un côté de calme, mais encore un sentiment de douceur que je n'avais jamais éprouvé. Endormez-moi donc, je vous prie, et je suis sûre que mes douleurs cesseront.

— Et vous ne craignez pas que je vous endorme, vous dans votre lit, moi près de votre lit ?

Elle fixa sur moi son grand œil bleu plein d'étonnement.

— Ne m'avez-vous pas demandé, me dit-elle, si je vous regardais comme un honnête homme, et ne vous ai-je pas répondu que oui ?

— C'est vrai, je n'y pensais plus.

— Eh bien, alors, essayez de m'endormir ; car, en vérité, je souffre beaucoup.

Et elle posa la main sur son front.

— Cette fois, lui dis-je, ce n'est point à la tête qu'est la douleur, et, pour que la douleur s'éteigne en même temps que viendra le sommeil, je crois qu'il faut que ma main touche le siége du mal.

Elle abaissa ma main à la hauteur de son estomac, mais en laissant le drap et la couverture entre ma main et sa poitrine.

Je secouai la tête et haussai doucement les épaules.

— Essayez toujours ainsi, me dit-elle.

— C'est bien ; regardez-moi. Je ne doute pas que je ne vous endorme, mais je doute que je vous guérisse.

Elle ne répondit pas, et continua, en me regardant, de tenir ma main fixée à l'endroit où elle était.

Bientôt ses paupières s'abaissèrent doucement, se fermèrent, se rouvrirent de nouveau, se fermèrent encore ; — elle dormait.

Au bout d'un instant :

— Dormez-vous? lui demandai-je.

— Mal.

— Que faut-il faire pour que vous dormiez mieux?

— Mettez votre main sur mon front.

— Mais vos crampes d'estomac?

— Endormez-moi d'abord.

Elle lâcha ma main, que j'appuyai sur son front. Au bout de cinq minutes, je lui redemandai :

— Dormez-vous ?

— Oui, me dit-elle.

— D'un bon sommeil ?

— D'un bon sommeil ; cependant je souffre.

— Que faudrait-il faire pour que vous ne souffrissiez plus ?

— Mettez votre main sur ma poitrine avec l'intention de m'enlever la douleur.

— A quel endroit de la poitrine ?

— Au creux de l'estomac.

— Mettez-la vous-même où vous croyez qu'elle doit être.

Alors, sans hésitation aucune, elle souleva la couverture, abaissa la main, et sur sa chemise, serrée au cou comme celle d'un enfant, elle posa ma main, aussi chastement que l'eût fait une sœur.

Je m'agenouillai pour être plus commodément et j'appuyai ma tête contre le lit.

Au bout d'une demi-heure, elle respira. Sa main lâcha la mienne.

— Eh bien ? lui demandai-je.

— Eh bien, je ne souffre plus.

— Dois-je rester près de vous ?

— Encore quelques instants.

Puis, au bout de cinq minutes :

— Merci, dit-elle. Ah! mon Dieu, sans vous, j'en avais pour deux ou trois jours d'atroces douleurs! Maintenant...

Elle hésita.

— Quoi?

— Soyez bon pour moi qui ai eu confiance en vous.

— C'est bien, lui dis-je en souriant; je vous comprends.

Je retirai ma main.

Sa main chercha la mienne et la serra doucement.

— Dois-je éteindre la bougie?

— Si vous voulez.

— Mais si vos douleurs revenaient?

— Elles ne reviendront pas. D'ailleurs, vous avez des allumettes dans le tiroir de votre table de nuit.

Je soufflai la bougie; je cherchai le front de Lilla, j'y appuyai mes lèvres.

— Bonsoir! me dit-elle avec le calme d'une vierge.

Et je refermai la porte et me recouchai.

Le lendemain, quand je me réveillai, comme l'alouette qui chante au soleil levant, Lilla chantait.

— Eh bien, chère voisine, lui demandai-je, vous êtes donc guérie?

— Parfaitement.

— Bien vrai?

UNE AVENTURE D'AMOUR

— Parole d'honneur !

C'était si vrai, que nous pûmes accepter un excellent dîner que nous donna le même jour l'inspecteur général des forêts, et le même soir partir pour Aix-la-Chapelle.

Il avait été convenu dans la journée que j'irais jusqu'à Mannheim.

IV

Aujourd'hui, on va de Spa à Cologne en chemin de fer. Autrefois, c'est-à-dire il y a vingt ans, la voie ferrée s'arrêtait à Liége, et l'on faisait le reste de la route en voiture.

L'administration des voitures était prussienne, et, par conséquent, soumise à cette rigidité devenue proverbiale dans le royaume du grand Frédéric.

Les billets que l'on vous distribuait étaient mi-partis allemand et français.

Une des clauses de ces billets, qui assignaient à chacun son numéro, était celle-ci :

« Il est défendu aux voyageurs de changer de place

avec leurs voisins, même du consentement de ceux-ci.»

Autrefois, on s'arrêtait donc forcément à Liége. Aujourd'hui, on fait la route tout d'une traite.

J'ai lieu de me réjouir qu'on ne s'arrête plus à Liége. Je suis en guerre depuis nombre d'années avec la bonne ville wallonne ; elle ne m'a pas encore pardonné d'avoir dit, dans mes *Impressions de voyage*, que j'avais pensé y mourir de faim, et l'on m'a assuré que le maître de l'hôtel d'Albion, où ce malheur faillit m'arriver, m'avait cherché par toute l'Europe pour me demander raison de cet abominable propos.

Heureusement, j'étais alors en Afrique, où, je dois le dire, je mangeais encore plus mal que chez lui.

J'aurais d'autant moins échappé au sort qu'il me réservait, que, dans sa course, il avait recruté un autre ennemi à moi : le maître de la poste de Martigny, celui qui m'avait servi, en 1832, ce fameux bifteck d'ours qui a tout simplement fait le tour du monde, et qui, comme le serpent de mer, nous est revenu par les journaux d'Amérique.

En vérité, je me confesse ici à l'endroit de ces deux vénérables industriels. Si l'un, le maître de l'hôtel d'Albion, avait raison de m'en vouloir, l'autre, le maître de l'hôtel de la Poste, n'avait sujet que de me remercier.

Un aubergiste français eût payé au poids de l'or une réclame si merveilleusement réussie ; il eût pris pour enseigne *Au bifteck d'ours*, et il eût fait fortune.

Au reste, peut-être a-t-il fait fortune sans cela.

Je suis, depuis 1832, passé en poste à Martigny. Le maître s'est empressé, ne me reconnaissant pas, de changer les chevaux de ma voiture ; il était gros et gras comme un homme qui n'a ni haine ni remords.

S'il avait su que c'était moi, que se serait-il passé, bon Dieu !...

Nous arrivâmes à Cologne, vers six heures du matin, par un temps magnifique. Nous courûmes à l'agence des bateaux à vapeur ; le bateau à vapeur partait à huit heures : nous avions deux heures devant nous.

— Dormez-vous ou prenez-vous un bain? demandai-je à ma compagne de voyage.

— Je prends un bain.

— Je vous y conduis.

— Vous savez où cela est?

— Je sais toujours où sont les bains des villes où j'ai passé.

Je la conduisis au bain.

Sa pudeur eut quelque peu à rougir de la question : « Prenez-vous une seule chambre ou deux ? » Mais je me hâtai de répondre : « Deux. » Et l'on nous conduisit dans deux chambres de bain aussi contiguës que l'avaient été nos deux chambres à coucher.

Nous avions fait porter directement nos colis — réduits, pour Lilla, à une malle, pour moi à un sac de nuit — au bateau à vapeur de Mayence. Nous n'eûmes donc, en sortant du bain, qu'à prendre la même route que nos colis.

Depuis notre entrée en Prusse, ma compagne de voyage avait senti doubler son importance ; elle était devenue mon interprète, et c'était elle qui était chargée des discussions monétaires.

Le voyage du Rhin est, au reste, un des voyages les moins coûteux qu'il y ait au monde : pour quatre ou cinq thalers, je crois, c'est-à-dire pour une vingtaine de francs, on remonte le fleuve illustré par Boileau et chanté par Kœrner, depuis Cologne jusqu'à Mayence, et, pour le même prix, on le descend depuis Mayence jusqu'à Cologne.

Reste la question culinaire : la nourriture est à bon marché, mais exécrable ; les vins sont chers... et mauvais.

On a fait à ces aigres vins du Rhin, mûris au reflet des cailloux, une réputation fort usurpée, à mon avis. Le liebfraumilch et le braunberger — le *lait de la*

Vierge et le *jus de la montagne noire*, — sont seuls passables. Quant au johannisberg, je hasarderai ce paradoxe à son endroit, que je ne connais pas de bon vin lorsqu'il coûte vingt-cinq francs la bouteille.

A partir de Cologne, quoique la carte soit franco-allemande, la cuisine est toute prussienne. Vous vous attendez à manger un plat aigre, vous mangez un plat doux; vous demandez une chose sucrée, on vous sert une chose poivrée; vous trempez votre pain dans une sauce qui ressemble à un roux, et vous mangez de la marmelade.

La première fois que j'ai demandé de la salade en Allemagne, je la rendis au garçon en lui disant :

— On a oublié de secouer votre salade, elle est pleine d'eau.

Le garçon prit le saladier, l'inclina, puis me regarda avec étonnement.

— Eh bien? lui dis-je.

— Eh bien, monsieur, reprit-il, ce n'est point de l'eau, c'est du vinaigre.

Je crus que la salade allait m'emporter la bouche : elle ne sentait absolument rien.

Dans tous les pays du monde, on met du vinaigre dans la salade; en Allemagne, on met la salade dans le vinaigre.

Il y a beaucoup des mœurs allemandes dans la cuisine allemande. On met du sucre dans le vinaigre, et du miel dans la haine.

Mais je ne sais pas ce que l'on met dans le café à la crème.

Prenez tout ce que vous voudrez sur un bateau à vapeur du Rhin, prenez de l'eau de Seltz, de l'eau de Spa, de l'eau de Hombourg, de l'eau de Bade, de l'eau de Sedlitz même, mais ne prenez pas de café à la crème si vous êtes Français.

Je ne veux pas dire pour cela que l'on prenne de bon café à la crème en France; je dis seulement que, partout ailleurs qu'en France, et surtout en Allemagne, on prend du café exécrable.

Cela commence à Quiévrain, et va toujours augmentant jusqu'à Vienne.

Vous ne croiriez pas que ce problème, qui paraît bien simple : « Pourquoi prend-on généralement de mauvais café en France ? » a une solution toute politique !

Toute politique, je le répète.

On a pris de bon café en France depuis l'invention du café jusqu'au système continental, c'est-à-dire de 1600 à 1809.

En 1809, le sucre valait huit francs la livre ; cela nous a valu le sucre de betterave.

En 1809, le café valait dix francs la livre ; cela nous a valu la chicorée.

Passe encore pour les betteraves. En ma qualité de chasseur, je ne suis pas fâché, quand les blés sont moissonnés, les avoines sciées, les trèfles et les luzernes fauchés, de trouver deux ou trois arpents de betteraves, où je risque une entorse à chaque pas, mais où les perdreaux se remisent et où les lièvres gîtent.

En outre, la betterave cuite sous la cendre, — comprenez bien, pas au four, — confite vingt-quatre heures dans de bon vinaigre, — pas du vinaigre allemand, — n'est pas un mauvais hors-d'œuvre.

Mais la chicorée !

A quels dieux infernaux dévouera-t-on la chicorée ?

Un flatteur de l'Empire, a dit : *La chicorée est rafraichissante.*

C'est incroyable, ce que l'on peut faire faire au peuple français avec le mot *rafraichissant*.

On a dit que le peuple français était le peuple le plus spirituel de la terre : on aurait dû dire le peuple le plus échauffé.

Les cuisinières se sont emparées du mot *rafraîchissant* ; et, à l'abri derrière ce mot, elles empoisonnent chaque matin leurs maîtres en mêlant un tiers de chicorée au café.

Vous obtiendrez tout de votre cuisinière, qu'elle sale moins, qu'elle poivre davantage, qu'elle se contente du sou par livre que lui font le boucher, l'épicier, le fruitier.

Vous n'obtiendrez jamais de votre cuisinière qu'elle ne mette pas de chicorée dans votre café.

La cuisinière la plus menteuse est impudente à l'endroit de la chicorée. Elle avoue la chicorée, elle s'en vante, elle dit à son maître :

— Vous êtes échauffé, monsieur ; c'est pour votre bien.

Si vous la chassez, elle sort de chez vous la tête haute, et en vous insultant du regard.

Elle est martyre de la chicorée !

Je suis parfaitement convaincu qu'il y a une société secrète entre les cuisinières ; une caisse de secours pour les chicoréennes.

Or, quand les épiciers ont vu cela, ils se sont appliqué la maxime : *Audite et intelligite*.

Ils ont compris, eux qui n'ont pas la comprenette facile, comme disent les Belges.

Autrefois, ils vendaient la chicorée à part, — reste de pudeur. — Aujourd'hui, on vend du café à la chicorée, comme on vend du chocolat à la vanille.

Vous savez cela, vous, amateurs de café, qui prenez votre moka pur et non pas un tiers martinique et un tiers bourbon. Vous faites acheter votre moka en grains.

Vous vous dites : « Je le grillerai, je le moudrai moi-même. Je le mettrai sous clef, je fourrerai la clef dans ma poche. J'ai une machine à esprit-de-vin pour faire le café, je ferai mon café sur ma table au dîner, et, de cette façon, j'échapperai à la chirorée. »

Vous en êtes empoisonné !

Les épiciers ont inventé un moule à graine de café, comme les armuriers ont inventé un moule à balles.

Vous avez un tiers de chicorée dans votre moka brûlé, moulu, enfermé, préparé par vous !

Depuis la chicorée, les épiciers sont devenus bien vicieux !

Voilà ce que je dis à ma compagne de voyage lorsque je lui entendis demander en allemand :

— Du café à la crème.

Mais savez-vous ce qu'elle répondit à ma diatribe ?

— Je ne déteste pas la chicorée, c'est bon pour le sang.

Ainsi, jusqu'en Allemagne, jusqu'en Hongrie même, cette théorie, non-seulement anticulinaire, mais je dirai plus, antiartistique, a pénétré : « La chicorée est rafraîchissante ! »

Je m'éloignai de Lilla. J'éprouvais une certaine répugnance à voir ces lèvres, fraîches comme deux feuilles de rose, ces dents blanches comme des perles se mettre en contact avec l'affreuse boisson.

J'allai me promener à l'avant.

Dans un lointain bleuâtre, on commençait à voir se dessiner l'azur plus foncé des grandes collines qui bordent le Rhin, et qui, en se resserrant, forment le passage si pittoresque de la Loreley.

Je restai jusqu'à ce que je présumasse que le bol de café à la crème était absorbé.

Puis je revins.

Je trouvai ma compagne de voyage en conversation des plus animées avec une charmante femme de vingt-trois à vingt-quatre ans, blonde, grasse, douce de figure, flexible de taille.

Je crus m'apercevoir que les deux femmes parlaient de moi.

Non-seulement je devinai qu'elles parlaient de

moi, mais je crus même comprendre le sujet de leur conversation.

En nous voyant arriver ensemble sur le bateau, Lilla et moi, la jolie Viennoise — la dame blonde était de Vienne — la jolie Viennoise lui avait demandé ce que nous étions l'un à l'autre.

Et ma compagne de voyage avait répondu la vérité : c'est que nous étions purement et simplement amis.

Il était clair que son interlocutrice n'en voulait rien croire.

Je m'approchai, et, à la façon toute respectueuse dont je parlai à madame Bulyowsky, sa compatriote put voir qu'elle lui avait dit l'exacte vérité.

La conversation devint générale.

Lilla me présenta à la belle voyageuse comme son ami, puis ensuite me présenta la belle voyageuse comme une admiratrice passionnée de la littérature française, — ce qui me permettait de prendre ma part de l'admiration répartie sur mes confrères.

La belle Viennoise parlait français comme une Parisienne.

Je ne sais pas son nom, et, par conséquent, je ne puis la compromettre par le portrait que j'en ai tracé ; mais j'ai tout lieu de penser que, si j'avais fait avec elle le voyage que je faisais avec Lilla, et qu'au bout de quatre jours et de quatre nuits, elle m'eût présenté comme un ami, elle eût fait un gros mensonge.

Cependant le soleil montait sur l'horizon.

— Où avez-vous mis mon ombrelle ? me demanda ma compagne de voyage.

— En bas, dans le salon, avec mon sac de nuit.

Je me levai.

Lilla me tendit la main avec cette grâce charmante qui faisait le mérite principal de mademoiselle Mars.

— Pardon de la peine que je vous donne, ajouta-t-elle.

Je fis un mouvement pour lui baiser la main.

— Oh ! attendez.

Elle ôta son gant.

Je lui baisai la main et j'allai chercher l'ombrelle.

En mettant le pied sur la première marche de l'escalier, je me retournai.

Je vis la jeune Viennoise qui lui prenait vivement la main et qui avait l'air de lui faire une demande.

— Allez, allez, me dit Lilla.

Je descendis et, cinq minutes après, je remontai avec l'ombrelle.

Lilla était seule.

— Que vous disait donc la charmante femme qui était près de vous et qui n'y est plus? lui demandai-je.

— Quand cela?

— Au moment où je me suis retourné.

— Curieux !

— Dites, je vous en prie.

— Non, ma foi; vous avez déjà bien assez d'amour-propre sans cela.

— Si vous ne me le dites pas, je vais aller le lui demander à elle-même.

— Ne faites pas une chose comme celle-là.

— Dites, alors.

— Vous voulez savoir ce qu'elle me demandait?

— Oui.

— Eh bien, elle demandait de me baiser la main à la place où vous me l'aviez baisée.

— Et vous le lui avez permis, j'espère bien?

— Sans doute... C'est bien allemand, n'est-ce pas?

— Oui; seulement, je donnerais bien des choses pour que ce fût français.

— Est-ce qu'une de vos reines n'a pas baisé les lèvres mêmes d'un poëte tandis qu'il dormait ?

— Oui ; mais cette reine était Écossaise, et elle est morte, empoisonnée par son mari en disant : « Fi de la vie, je ne la regrette pas...! » Il est vrai que cette reine était la femme de Louis XI.

V

A peine la jolie Viennoise m'avait-elle vu me rapprocher de madame Bulyowsky, qu'elle était accourue s'asseoir à ses côtés, sans se préoccuper de ce que celle-ci venait de me raconter.

Les Allemandes ont cela d'admirable, qu'elles ne cachent pas leur enthousiasme et que leur bouche ne dément ni leurs yeux ni leur cœur : ce qu'elles pensent, elles le disent simplement, nettement, franchement.

Je ne crois pas qu'il y ait à la fois d'impression plus douce et plus flatteuse que celle de s'entendre naïvement louer par la bouche d'une jolie femme, née à cinq cents lieues de vous, parlant une autre langue que vous, que le hasard vous fait rencontrer, qui ne devait jamais vous connaître, et qui se félicite joyeusement de vous avoir connu. Lorsque l'on compare ces caressants effluves du cœur et des yeux que l'on trouve du moment où l'on a passé la frontière, à cette froide dissection du talent, à cette éternelle négation du génie, auxquelles nous habituent nos feuilles quotidiennes, hebdomadaires ou mensuelles, on se demande pourquoi c'est toujours dans son pays et parmi ses compatriotes que l'on trouve ce désenchantement, qui mènerait tout droit au découragement si l'on n'allait de temps en temps se retremper à l'étranger. Antée retrouvait ses forces en touchant la terre d'Afrique. Je ne suis pas Antée, mais je sais que je perds les miennes toutes les fois que je touche la terre de France.

Au reste, une seconde surprise du même genre que la première m'attendait : en même temps que nous, s'était embarquée une société composée de deux hommes de trente à trente-cinq ans, de deux femmes de vingt-cinq à trente, et d'un enfant de sept à huit.

Tout cela avait un air étranger qui dénonçait les habitants d'un monde plus rapproché que le nôtre du soleil des tropiques ; l'enfant surtout, avec ses longs cheveux noirs, son teint mat, ses yeux de flamme, était un type vivant de l'Amérique du Sud.

Une des deux femmes avait dit, un instant après que le bateau s'était mis en route, quelques mots tout bas à l'oreille de l'enfant, et, depuis ce temps, il n'avait cessé de me regarder avec une naïve curiosité.

Comme le groupe dont il faisait partie était en face de celui que nous formions, et comme nous n'étions séparés les uns des autres que par la distance qui existe du banc appuyé au capot au banc appuyé au bastingage, je réunis toutes les parcelles de ma science philologique pour lui dire en espagnol :

— Mon bel enfant, voulez-vous demander pour moi à madame votre mère la permission de vous embrasser ?

A mon grand étonnement, une des deux femmes lui dit alors en excellent français :

— Alexandre, allez embrasser votre parrain.

L'enfant, fort de cette autorisation, vint se jeter tout courant dans mes bras.

— Ah ! par exemple, répondis-je, voilà qui est fort ! Qu'à don Juan, qui lui demandait d'un côté à l'autre du Mançanarès du feu pour allumer son cigare, Satan ait répondu en allongeant le bras par-dessus le fleuve, et qu'au cigare que tenait la main emmanchée au bout de ce bras, don Juan ait allumé le sien, voilà qui est à merveille. Mais que moi, sans m'en douter, j'aie allongé les deux mains pour tenir un enfant sur les fonts de baptême à Rio-Djaneiro ou a Buenos-Ayres, voilà ce dont je ne me serais jamais douté.

— C'est qu'en effet, me répondit la dame étrangère, la chose ne s'est point entièrement passée ainsi.

— Y a-t-il indiscrétion à insister? demandai-je.

— Oh! mon Dieu, non, me répondit l'Américaine. Nous ne sommes ni de Buenos-Ayres, ni de Rio-Djaneiro; nous sommes de Montevideo. Or, lorsque, Rosas repoussé, la paix faite, nous avons pu respirer, notre premier désir a été, pour nous mettre au pas de la civilisation, d'imiter les principales villes d'Europe dans la création de leurs plus utiles ou plus philanthropiques établissements. Le premier, ou un des premiers de tous, fut un hospice des enfants trouvés. Eh bien, l'enfant que vous voyez là fut celui qui étrenna l'établissement, et votre nom est si populaire à Montevideo, qu'on lui donna votre nom pour qu'il portât bonheur au nouvel hospice. Nous n'avions pas d'enfants; nous résolûmes d'en prendre un aux Enfants-Trouvés. Nous choisîmes celui-là à cause de son nom

Je tenais le bel enfant entre mes bras ; je le serrai sur ma poitrine, tout fier d'avoir eu, d'un côté du monde à l'autre, une si heureuse pression sur cette pauvre petite existence.

De mes bras, il passa dans ceux de mes deux compagnes de voyage ; puis, je ne sais comment, les mains de l'enfant, la main de Lilla, celle de la dame viennoise et la mienne se trouvèrent enlacées, et restèrent ainsi pendant près d'une demi-heure, se parlant par ces frémissements sympathiques qui touchent à l'extase.

Cette demi-heure ne fut peut-être pas la plus heureuse, mais elle fut à coup sûr la plus douce de ma vie.

Tout à coup, avec un sourire et un baiser, l'enfant s'échappa et courut à sa famille adoptive, comme l'oiseau qui s'envole pour retourner à son nid.

Je dégageai ma main si doucement prise ; je suivis l'enfant et j'allai demander à mes Espagnols du Sud quelques renseignements sur des hommes que j'avais connus, et qui résidaient à Montevideo.

Le premier dont je m'informai est un compatriote à moi, un jeune armurier de Senlis. J'avais pu l'aider lorsqu'il avait désiré venir s'établir à Paris. Son commerce prospérait lorsque arriva la révolution de

1848, qui, en renversant un trône, troubla du même choc tant d'existences.

Je l'avais recommandé au général Pacheco y Obès, lors de la mission que celui-ci avait remplie à Paris. Le général l'avait envoyé à Montevideo, et l'avait fait nommer armurier du gouvernement. Il était — l'armurier — en train de faire fortune.

Je l'ai revu depuis, à un de ses voyages en France. Il m'a rapporté les quelques billets de mille francs qu'il me devait, et, pour les intérêts, une magnifique peau d'ours.

Cela me conduisit à parler d'un autre Français que j'avais, lui aussi, recommandé au général Pacheco : c'était le comte d'Horbourg, fils d'un aide de camp de mon père.

Un jour, en chassant dans le delta du Nil avec mon père, le comte d'Horbourg, père de celui dont je parle, marcha sur la queue d'un de ces boas de la petite espèce, que l'on appelle des pythons.

Le serpent se redressa et darda sa tête énorme pour le mordre.

Mais, plus rapide que le serpent, mon père avait mis en joue, fait feu et l'avait tué sans qu'un seul grain de plomb eût atteint l'aide de camp.

Le comte d'Horbourg avait fait faire un ceinturon de sabre avec la peau de ce serpent.

Puis, en mourant, il m'avait légué le ceinturon, comme un souvenir de mon père.

Son fils, tout vêtu de deuil, me l'avait apporté. De là ma connaissance avec lui.

Il avait servi en Afrique et ne manquait pas d'instruction ; mais c'était une de ces santés et de ces intelligences ravagées par l'absinthe. Avait-on besoin de lui physiquement, il avait la fièvre ; avait-on besoin de lui intellectuellement, il était ivre.

Celui-là, ce n'était pas moi qui l'avais recommandé au général Pacheco : c'était le général qui me l'avait demandé. Il en avait fait un officier instructeur.

D'Horbourg était mort dans l'exercice de ses fonctions, et fort malheureusement.

Un jour qu'il faisait manœuvrer un régiment au milieu des grandes herbes, son sabre lui échappa de la main, et tomba. Avec l'agitation fébrile qui ne le quittait pas, il mit pied à terre. Le sabre était resté debout, la poignée sur le sol, la lame en l'air. Dans le mouvement qu'il fit, il se passa la lame au travers du corps, et ne survécut que deux heures à l'accident.

Quant à Pacheco y Obès, l'homme le plus important de toutes les révolutions montévidéennes, lui aussi était mort, mort en disgrâce comme Scipion Pauvre comme Cincinnatus, il avait, comme Lamartine, remué des millions ; seulement, c'était un de ces poëtes aux mains ouvertes, entre les doigts desquels les millions glissent.

Arrivé à Paris avec une mission de confiance, il avait été raillé par les petits journaux. La raillerie avait été jusqu'à l'offense. Il avait demandé satisfaction, on la lui avait refusée ; il avait alors eu recours à la police correctionnelle, et, quoique parlant assez mal le français, il avait voulu y plaider sa cause lui-même.

Il avait eu devant le tribunal un de ces mouvement d'éloquence comme en ont les grands cœurs, comme en avait le général Foy, comme en avait le général Lamarque, comme en avait M. de Fitz-James.

On l'avait surtout raillé sur l'exiguïté de sa république, sur l'infimité de sa cause.

Il avait répondu :

— La grandeur du dévouement ne se mesure pas à la grandeur de la chose que l'on défend. Si j'ai le bonheur de verser tout mon sang pour la liberté de Montevideo, j'aurai fait autant qu'Hector, qui versa tout le sien pour la défense de Troie.

Or, ce grand cœur s'était éteint, ce grand défenseur d'une petite cause était mort, mort si pauvre, que c'était ce jeune armurier, que je lui avais recommandé au temps de son pouvoir, qui avait fait les dépenses de ses derniers jours, les frais de ses funérailles.

Ces nouvelles étaient tristes. Hélas! il arrive un âge de la vie où, en portant les regards autour de soi, on ne voit partout que des points noirs : ce sont des taches de deuil. Les médecins disent que c'est la vue qui se fatigue, que c'est la rétine qui s'injecte, que c'est la goutte sereine qui frappe aux réseaux de la prunelle ; ils appellent cela *les mouches volantes*.

Lorsqu'on cesse de voir ces mouches-là, c'est que l'on est mort soi-même.

Je revins à mes deux compagnes, après les avoir cherchées inutilement où je les avais laissées : elles avaient transporté leur domicile près d'une table, et sur cette table étaient du papier, de l'encre et des plumes.

Je compris : j'étais condamné à la torture de l'autographe ; torture ordinaire, qui passa tout naturellement à l'extraordinaire.

Du moment que j'avais mis le pied sur le bateau, on avait su qui j'étais.

Du moment que je mettais la main à la plume, on fit queue.

Par malheur, il y avait à bord un certain nombre d'Anglais, et surtout d'Anglaises.

En matière d'autographes, les Anglais mâles sont indiscrets, les Anglaises sont insatiables.

Au reste, la séance que je fis au milieu d'une douzaine d'Anglaises de tout âge, depuis douze ans jusqu'à soixante, m'amena à une grande découverte philologique et physiologique.

Je remarquai que la déformation de la bouche, si commune chez les vieux Anglais et les vieilles Anglaises, ne s'opérait qu'à un certain âge, et que tous les Anglais et toutes les Anglaises jeunes avaient, en général, des bouches charmantes.

Qui peut donc avoir déformé la bouche des vieux Anglais et des vieilles Anglaises, au point d'en faire un museau chez les uns, une trompe chez les autres ?

C'est le *th*.

— Comment ! le *th* ? direz-vous.

Eh ! mon Dieu, oui.

Demandez à votre professeur d'anglais comment on arrive au sifflement nécessaire pour prononcer le *th* et en faire *thz*.

Il vous répondra :

— Appuyez fortement la langue sur la mâchoire supérieure et inférieure à la fois, et prononcez le *th* en même temps.

Eh bien, à force de prononcer le *th*, qui se trouve à chaque seconde dans le vocabulaire anglais, à force de pousser la mâchoire inférieure et supérieure pour prononcer ce maudit *th*, le corps mou — la langue — l'a emporté sur le corps dur — les dents; et, en attendant qu'elle soit renversée tout à fait, la barricade s'est inclinée sous la pression.

Si vous connaissez, cher lecteur ou belle lectrice, une autre solution à ce problème : « Pourquoi les Anglais et les Anglaises de quinze à vingt ans ont-ils presque tous une bouche charmante, et pourquoi les Anglais et les Anglaises de cinquante à soixante ans ont-ils presque tous une bouche affreuse? » si, dis-je, vous connaissez une autre solution, donnez-la-moi ; — et, moi, je vous donnerai un autographe.

VI

Nous arrivâmes vers neuf heures du soir à Coblence.

Ma compagne de voyage était si bien habituée à notre fraternité, qu'elle ne s'inquiétait plus de la topographie de nos chambres, et que, nous eût-on donné la même chambre, pourvu que cette chambre eût eu deux lits, elle n'eût point fait d'observation.

Nos chambres se trouvèrent contiguës ; celle de Lilla avait deux lits.

Nous soupâmes tous trois ; — notre amie la dame viennoise avait accepté le *triumfeminavirat*.

Nous avions passé une après-midi adorable.

En vérité, si les hommes savaient tout ce qu'il y a de charmant dans l'amitié d'une femme, et même de deux femmes, ils verseraient peut-être une larme de plaisir, mais à coup sûr une larme de regret, le jour où ils franchiraient les limites de l'amitié pour mettre le pied dans les domaines de l'amour.

Nous passâmes une charmante soirée. On nous servit le thé dans la chambre de Lilla, et nous le prîmes près d'une large fenêtre s'ouvrant sur le Rhin d'abord, un peu au-dessus du pont qui va à la forteresse d'Ehrenbreitstein, puis, au delà du Rhin, sur les collines qui commencent à se changer en montagnes.

La lune se leva, et fit ruisseler, le long des montagnes, des flots de douce lumière qui vinrent aboutir au Rhin, et qui le changèrent en un immense miroir d'argent.

Que dîmes-nous en face de cette merveilleuse nature ? Je ne me le rappelle plus ; probablement parlâmes-nous de Shakspeare et d'Hugo, de Gœthe et de Lamartine. Les grands poëtes chantent les grands spectacles de la nature, et, reconnaissants à coup sûr, les grands spectacles de la nature font penser aux grands poëtes.

Sans doute pour continuer, autant qu'il était possible, cette bonne intimité, notre amie viennoise demanda à Lilla de partager sa chambre. Lilla se retourna de mon côté comme pour me demander si cela ne me contrarierait pas.

J'éclatai de rire.

Je me retirai dans la mienne et laissai ces deux dames chez elles.

Pour voir cette belle lune de mon lit et quand ma bougie serait soufflée, j'avais laissé mes persiennes ouvertes et mes rideaux non tirés, de sorte qu'à travers mes carreaux, je voyais le firmament tout d'azur, coupé d'une large trace blanchâtre, — c'était la voie lactée — tandis qu'au plus profond du ciel, je voyais trembler une étoile alternativement rouge, blanche et bleue, — c'était Aldébaran.

Combien de temps contemplai-je ce doux et mélancolique spectacle les yeux ouverts ou à demi fermés, je ne le sais. Je finis par m'endormir, et, quand je rouvris les yeux encore tout pleins de cet azur nocturne et de ces bluets de flamme, je crus être en face d'un incendie.

Tout ce qui était bleu la veille était maintenant de pourpre. Ce ciel, si calme et si limpide quelques heures auparavant, semblait rouler des vagues de feu. L'aurore se levait, annonçant le soleil.

J'étais en extase devant ce spectacle lorsque je crus m'entendre appeler de la chambre voisine.

Je prêtai l'oreille, et, en effet, mon prénom d'Alexandre vint jusqu'à moi.

— Est-ce vous, Lilla? demandai-je à demi-voix de mon côté.

— Oui; vous êtes éveillé, tant mieux! continua-t-elle toujours à voix basse. Ne trouvez-vous pas magnifique la décoration que Dieu fait pour nous en ce moment?

— Splendide! Comme c'est fâcheux de voir un si beau ciel chacun de son côté!

— Qui vous empêche de venir le voir d'ici?

— Mais notre Viennoise consent-elle?

— Bah! elle dort.

— Ouvrez-moi la porte, alors.

— Ouvrez-la vous-même; elle n'a jamais été fermée.

Je sautai à bas de mon lit, je passai un pantalon à pieds et ma robe de chambre, je chaussai mes pantoufles, et j'entrai le plus doucement que je pus dans la chambre de mes voisines.

Lilla, pour me servir de termes de théâtre, était couchée au *côté cour*, et sa voisine au *côté jardin*. La haute fenêtre permettait à un rayon du jour naissant d'empourprer son lit et son visage, qui semblait nager dans une lumière rose. Je détachai un miroir, et, sans m'interposer entre le jour et elle, je le lui portai pour qu'elle s'y regardât.

Il ne me fut pas difficile de reconnaître à son sourire qu'elle m'était reconnaissante de se voir si belle.

— Eh bien, lui dis-je, embrassez-vous.

Et j'approchai la glace de ses lèvres.

— Non, dit-elle, embrassez-moi, cela vaudra mieux.

Je l'embrassai en lui souhaitant une longue suite d'aurores aussi belles que celle que nous voyions se lever, puis je reportai le miroir à son clou.

— Prenez une chaise et asseyez-vous près de mon lit, dit-elle ; j'ai une prétention.

— Laquelle ?

— C'est que vous me racontiez une histoire qui, dans mon souvenir, restera éternellement mariée à celui de ce beau lever de soleil.

— Quelle histoire voulez-vous que l'on raconte en face d'une pareille solennité ? Vous connaissez *Werther*, vous connaissez *Paul et Virginie*...

— Ne m'avez-vous pas dit que vous deviez un des bons souvenirs de votre vie à une de mes compatriotes ?

— C'est vrai ; je vous ai dit cela.

— Ne m'avez-vous pas dit que ce souvenir n'était

mêlé d'aucun trouble, et que les seules larmes que vous eussent coûtées trois mois de bonheur étaient celles répandues au moment où vous vous étiez quittés?

— C'est encore vrai.

— Regardez-vous comme une indiscrétion de me raconter cette histoire?

— Non, par malheur; car il y a deux ans que la personne est morte.

— Vous m'avez dit que non-seulement elle était ma compatriote, mais encore qu'elle était, comme moi, artiste dramatique.

— Oui; seulement, elle était dramatique en chantant, elle.

— Racontez-moi cela, je vous en prie; mais parlez à demi-voix, à cause de notre voisine qui dort.

— C'était en 1839; j'étais déjà vieux, comme vous voyez, j'avais trente-sept ans

— Est-ce que vous serez jamais vieux, vous?

— Dieu vous entende! Je me trouvais pour la troisième fois à Naples, et toujours sous un nom supposé. Cette fois, je portais le nom assez peu poétique de M. Durand.

» Je voulais retourner à Sorrente, à Amalfi, à Pompéi, que j'avais mal vus à mon premier voyage, et que, d'ailleurs, on n'a jamais vus assez. En conséquence, fidèle à mes traditions, je me rendis au port et louai une de ces grandes barques siciliennes avec lesquelles j'avais déjà fait mon voyage de 1835.

» Cette fois, j'étais seul et je n'avais plus avec moi ces deux bons compagnons que l'on appelait, l'un Jadin, l'autre Milord.

» Cette fois, Duprez n'était plus à Naples, Malibran n'était plus à Naples, Persiani n'était plus à Naples.

» Aussi Naples m'avait-il paru fort triste.

» Cependant, la veille de ce jour où j'allais fréter une barque, j'avais assisté à une grande solennité musicale.

» Votre compatriote, madame D..., que vous me permettrez de ne vous désigner que sous son prénom de Maria, avait donné sa dernière représentation à Naples; elle allait chanter au théâtre de Palerme.

» Madame D... était une grande et belle personne de trente ans, parlant comme vous toutes les langues, ayant une très-belle voix, mais surtout une voix admirablement dramatique.

» Son triomphe était la *Norma*.

» Je l'avais connue à Paris, où on lui avait fait jouer des rôles comiques, celui de Zerlina entre autres, dans lequel elle avait eu un très-grand succès.

» Je lui avais alors été présenté, après une représentation de *Don Juan*, et nous nous étions sentis pris d'une telle sympathie l'un pour l'autre, que, lorsque je lui avais tout simplement dit que je la trouvais charmante et que j'étais bien heureux qu'elle partît le surlendemain, elle m'avait naïvement répondu :

» — Quel malheur, au contraire !

» — Mais, m'empressai-je de lui dire, en deux jours il y a quarante-huit heures, en quarante-huit heures deux mille huit cent quatre-vingts minutes ; c'est une éternité, quand on sait les mettre à profit.

» Mais elle avait secoué la tête et avait répondu :

» — Non... En quarante-huit heures, j'aurais le temps de vous faire voir que vous me plaisez, mais pas celui de vous prouver que je vous aime.

» La réponse m'avait paru concluante ; je n'avais pas insisté. Je lui avais baisé la main en la quittant. Elle était partie pour l'Allemagne ; moi, j'étais parti pour l'Italie : nous ne nous étions pas revus.

» Le hasard nous réunissait à Naples.

» Seulement, comme j'y étais sous un nom supposé, comme j'y étais de la veille, elle ignorait que j'y fusse ; tandis que, moi, je savais ses succès, ses applaudissements, ses triomphes. Son nom était non-seulement sur toutes les affiches, mais encore dans toutes les bouches.

» Je m'étais informé d'elle; j'avais demandé où elle demeurait. On m'avait répondu : « Rue de Tolède, » et l'on m'avait donné son adresse précise. J'allais courir chez elle, quand on m'avait arrêté par ces quelques mots :

» — Vous savez qu'elle va se marier?

» Vous comprenez quelle douche d'eau glacée cette phrase me versait sur la tête !

» — Se marier ! et avec qui ?

» — Avec un de vos compatriotes, un jeune compositeur que vous connaissez bien certainement, qui fait de la musique en amateur : le baron Ferdinand de S...

» — Ah ! mon Dieu ! m'écriai-je.

» Et rien, en effet, ne pouvait m'étonner plus que cette alliance.

» Mais, comme les choses incroyables sont surtout celles auxquelles je crois tout d'abord, attendu qu'il faut qu'une chose incroyable soit pour que l'on dise qu'elle est, je demeurai étonné, mais convaincu.

» A partir de ce moment, je n'avais pas même eu l'idée de revoir Maria; si elle n'avait pas jugé à propos de faire attention à moi quand elle allait partir dans deux jours, à plus forte raison ne me connaîtrait-elle plus quand elle allait se marier dans huit jours.

» Peut-être, sans cette nouvelle, serais-je resté quelques jours de plus à Naples, au risque de m'y faire arrêter comme la première fois ; mais, tout au contraire, cela hâta mon départ. J'allai donc, comme je l'ai dit, au port ; j'y louai le seul *speronare* qu'il y eût, et je repris le chemin de mon hôtel.

» Sur le môle, je me trouvai nez à nez avec Maria et Ferdinand.

» Tous deux poussèrent un cri d'étonnement.

» — Comment êtes-vous ici et comment ne le savions-nous pas ? me demandèrent-ils tous deux d'une seule voix.

» — Par la raison infiniment simple que tout le monde ignore que j'y suis, attendu la bienheureuse antipathie que Sa Majesté le roi de Naples professe pour votre très-humble serviteur.

» — Mais vous saviez que nous y étions, nous, me dit Ferdinand ; comment n'êtes-vous pas venu nous voir ?

» — Je savais que madame y était, et, hier au soir, à San-Carlo, je lui ai payé mon tribut d'éloges.

» — Et vous n'êtes pas venu me voir au théâtre ? me dit à son tour Maria.

» — Non, et cela pour deux raisons.

» — Je gage qu'il n'y en a pas une de bonne dans les deux.

» — Je gage qu'elles sont bonnes toutes les deux, au contraire.

» — Voyons!

» — La première, c'est que, pour entrer au théâtre, il eût fallu dire mon nom; qu'en disant mon vrai nom, c'est-à-dire Alexandre Dumas, j'étais pris à l'instant même et conduit à la police; qu'en disant mon faux nom, Pierre Durand, personne ne me reconnaissait, c'est vrai, mais pas vous plus que les autres, et que, par conséquent, je n'arrivais pas jusqu'à votre loge.

» — Hum! fit Maria, je dois dire que, si la première raison n'est pas tout à fait bonne, elle n'est pas non plus tout à fait mauvaise. Voyons la seconde.

» — La seconde, c'est qu'ayant appris votre futur mariage, je n'ai pas voulu me jeter au beau travers de vos amours pour y être reçu comme un chien dans un jeu de quilles.

» — Et qui vous dit que vous eussiez été reçu comme cela?

» — Je ne connais pas les amoureux, n'est-ce pas, moi qui passe ma vie à en faire?

» — Venons-nous de vous recevoir comme cela?

» — Je crois bien, dans la rue! Il ne vous manquerait plus que de me faire une scène, parce que je vous trouble, moi, quatre cent millième.

» — J'en ai cependant bien envie, pour mon compte, dit le baron.

» — Comment cela?

» — Parce que je suis furieux.

» — Et vous, madame, êtes-vous furieuse?

» — Par contre-coup, moi.

» — Par contre-coup seulement, merci.

» — Que vous arrive-t-il?

» — Il nous arrive... Puisque vous savez que nous nous marions, je n'ai rien à vous apprendre de ce côté-là...

» — Non.

» — Seulement, vous ne savez pas où nous voulions nous marier?

» — Je ne m'en doute pas.

» — Eh bien, nous voulions nous marier à Sainte-Rosalie de Palerme, pour laquelle madame a une dévotion toute particulière. Vous savez ce que c'était que sainte Rosalie?

» — Parfaitement: c'était la fille d'un riche seigneur de Rome, descendant de Charlemagne, qui se retira dans une grotte du monte Pellegrino, où elle mourut vers le commencement du douzième siècle ou vers la fin du onzième.

» — Est-il ferré sur sa sainte Rosalie, hein !

» — Je le crois bien, parbleu ! J'étais à Palerme lors de sa fête, et, comme elle est la patronne de la ville, je n'ai eu garde d'y manquer.

» — Et voilà tout ce que vous savez de sainte Rosalie ?

» — Pardon, je sais encore qu'elle remplit à Palerme les mêmes fonctions que certain forgeron remplit à Gretna-Green.

» — Eh bien, voilà justement pourquoi nous voulions avoir affaire à sainte Rosalie de Palerme, c'était pour lui faire exercer ses fonctions à notre endroit.

» — Ah ! parfaitement !... Eh bien, elle a refusé ?

» — Non, pas le moins du monde.

» — Vous dites que vous êtes furieux, cher ami.

» — Je suis furieux, parce que nous comptions partir demain par le bateau à vapeur de Sicile.

» — Bon ! il ne part pas ?

» — Il est en réparation, il a une roue cassée.

» — Ah ! le maladroit ! Eh bien, faites comme moi, alors.

» — Qu'avez-vous fait, vous ?

» — J'ai loué un speronare. Allez au port en louer un autre.

» — Nous en venons : il n'y en a plus ; un M. Durand venait de fréter le seul qu'il y eût... Ah ! mais j'y pense ! s'écria le baron.

» — Quoi ? demanda Maria.

» — Mais c'est lui, M. Durand ; il vient de nous le dire.

» — Sans doute, c'est moi.

» — Cédez-nous votre bateau.

» — Eh bien, et moi ?

» — Vous partirez plus tard ; vous n'êtes pas pressé, vous ne vous mariez pas.

» — Heureuse ignorance !

» — Cédez-nous votre bateau.

» — Et si l'on me reconnaît, et si l'on m'arrête ?

» — Diable ! Cédez-nous-le tout de même.

» — Il y tient !

» — Attendez donc ! et nous vous donnons passage gratis pour Messine ou pour Palerme.

» — Mais je ne vais ni à Messine ni à Palerme.

» — Vous y viendrez ; pardieu ! le grand malheur !

» — Justement, il manque à Maria un témoin, vous lui en servirez.

» — Que madame m'invite, et je verrai ce que j'ai à faire.

» — Vous l'entendez, Maria ?

» Mais Maria se taisait, et, comme le sang lui montait au visage, elle devenait rouge jusqu'aux oreilles.

» — Eh bien, fit le baron, vous ne dites rien.

» — Je n'ose.

» L'embarras de madame D... était ma vengeance ; je résolus de la pousser à bout.

» Pour la première fois, je fus rancunier.

» — Eh bien, lui dis-je, j'accepte, mais à une condition.

» — Laquelle?

» — C'est que c'est moi qui vous conduirai, qui vous prêterai mon bateau, qui vous déposerai sur la terre de Sicile.

» — Tope ! dit Ferdinand, j'accepte.

» — Oh ! murmura Maria, c'est d'une indiscrétion...

» — Dame, qui veut la fin, veut les moyens, et je veux la fin.

» — Taisez-vous donc.

» — Mais non, je ne veux pas me taire. Je veux le crier sur les toits, au contraire, et la chose est d'autant plus commode qu'ici les toits sont plats.

» — Allons, madame, dis-je à Maria, laissez-vous convaincre.

» — Comment! vous aussi?

» — Sans doute, moi aussi, moi tout le premier.

» — Non, s'il vous plaît, vous le second.

» — C'est juste. Et quand partons-nous?

» — Quand comptez-vous partir?

» — Demain au jour, si le vent est bon.

» — Partons demain au jour.

» — Nous ne devions partir qu'après-demain.

» — Avec le speronare, nous mettrons bien un jour de plus qu'avec le bateau à vapeur; cela reviendra au même.

» — Mais ma toilette?

» — Il est convenu que vous vous mariez en robe grise et en chapeau.

» — Mais nos passe-ports?

» — Mon cher Dumas, prenez le bras de madame, promenez-vous un instant avec elle à Chiaja; je passe à l'ambassade française, puis au ministère des affaires étrangères, et je rapporte nos passe-ports.

» — Ferdinand! Ferdinand!

» Ferdinand était déjà loin.

» Je pris le bras de Maria, que je sentis frissonner

au contact du mien, et je m'acheminai avec elle à travers Chiaja.

» Nous arrivâmes, sans prononcer une seule parole, jusqu'à la jetée contre laquelle vient battre la mer.

» Puis nous nous arrêtâmes silencieux, les yeux noyés dans l'étendue.

» Au bout d'un instant, je poussai un soupir auquel Maria répondit par un soupir.

» — Je crois, ma chère Maria, lui dis-je, que vous faites une grande folie tous les deux.

» — Vous le croyez, me dit-elle, et, moi, j'en suis sûre...

. . . .

En ce moment, notre amie viennoise fit un mouvement dans son lit. Je me retournai de son côté.

— Ne faites pas attention, me dit Lilla, c'est pour mieux respirer.

— Ne serait-ce pas, lui dis-je, pour mieux entendre?

— Vous êtes fou! elle dort comme Ève avant le péché.

— Allons donc! comme Ève avant le péché! non-seulement je vois une pomme, mais j'en vois deux.

Il n'en était absolument rien : ce qui n'empêcha pas notre Viennoise de pousser un grand cri et de faire un prodigieux mouvement pour ramener son drap jusqu'a ses yeux.

— Ah! lui dis-je, je vous y prends, curieuse!

Elle sortit ses deux mains du lit, et les joignit comme eût fait un enfant.

— Je vous en supplie! dit-elle.

— Soit; mais je ne puis à la fois parler pour deux personnes, parler à droite et regarder à gauche; le moins qui puisse m'arriver, c'est de gagner un torticolis.

— Alors que demandez-vous? fit la belle Viennoise.

— Je ne demande pas, j'exige.

— Oh! vous exigez? fit Lilla.

— Oui, j'exige ou je me tais.

— Non, non, non... Qu'exigez-vous? demanda la Viennoise.

— Je vais fermer les yeux, vous viendrez vous mettre dans le même lit que votre amie. Je deviendrai peut-être fou de voir deux pareilles têtes sur le même oreiller; mais, au moins, je n'attraperai pas de torticolis.

— Faut-il faire ce qu'il veut, Lilla?

— Sans doute, puisque vous vous êtes mise à sa discrétion.

— Mais vous fermerez les yeux?

— Parole d'honneur!

— Tiendra-t-il sa parole d'honneur, Lilla?

— J'en réponds pour lui.

— Fermez les yeux, alors.

J'entendis marcher comme une ombre, je sentis passer comme un parfum; puis une petite voix toute tremblotante me dit:

— C'est fait, vous pouvez regarder.

Les deux charmantes femmes étaient l'une près de l'autre, les bras enlacés, la joue de la Viennoise sur la tête de Lilla.

Ah! si j'avais pu dire comme Corrége: *Anch'io son pittore!*

VII

« Je repris :

— Ferdinand avait mis en pratique l'axiome italien : *Qui veut, va ; qui ne veut pas, envoie.*

» Il avait été, et, une demi-heure après, comme il l'avait promis, il revenait avec les passe-ports.

» Il nous avait, comme je l'ai dit, laissés, Maria et moi, au bord de la mer.

» Pendant notre tête-à-tête, Maria m'avait raconté, avec cette complaisance que met la femme la moins coquette à un pareil récit, comment Ferdinand s'était épris pour elle d'une façon insensée ; comment, ne l'aimant pas assez pour répondre à cette passion, elle lui avait tenu rigueur ; comment cette rigueur, à laquelle il ne s'attendait point, avait affolé Ferdinand et comment, désespérant de l'avoir pour maîtresse, il lui avait offert de devenir sa femme.

» Il faut qu'il y ait pour la pauvre créature qui se trouve en dehors des conditions générales de la société quelque chose de bien séduisant dans ces trois mots : *Soyez ma femme*, puisque presque toujours elle est saisie, non pas comme une balle au bond, mais avant même qu'elle ait touché la terre. Maria était belle ; elle avait un talent plein de triomphes splendides et d'orgueilleuse joie ; elle gagnait avec ce talent cinquante mille francs par an, dont, tout en menant une vie très-large, elle dépensait à peine le tiers ; elle n'avait ni père ni mère qui pussent réclamer le contrôle de sa conduite ; elle pouvait se laisser aller, sans que qui ce fût au monde lui adressât un reproche, aux surprises de son cœur et même de ses sens ; jouir enfin de sa beauté, de sa fortune, de son intelligence dans toute la plénitude d'une liberté qui n'avait de compte à rendre à personne.

» Ferdinand, au contraire, avait une fortune nulle, un talent contesté, et, tout charmant d'esprit, tout remarquable de manières qu'il était, ses avantages physiques n'étaient point assez grands, comme on l'a vu, pour combattre une certaine répulsion que Maria ressentait pour lui. Eh bien, dès qu'il avait dit ces trois mots magiques : *Soyez ma femme*, le charme avait opéré. Et l'homme qui n'était pas assez sympathique pour devenir un amant, avait été regardé comme suffisant pour faire un mari.

» Il est vrai que, comme le chevalier Ubalde, je n'avais eu qu'à faire siffler ma baguette pour dissiper tous les prestiges de la forêt enchantée, et qu'en réponse à ces mots : « Je crois que vous faites une sottise, » était sorti de la bouche de Maria ce cri involontaire :

» — Et moi, j'en suis sûre !

» Mais il n'en était pas moins vrai que, soit fascination matrimoniale, soit honte de manquer à sa parole, soit répugnance à revenir en arrière, Maria était résolue à cesser d'être Maria D..., c'est-à-dire une artiste sans égale, pour devenir madame la baronne Ferdinand de S..., ce que tout le monde pouvait être.

» La chose me fut clairement démontrée par l'adhésion qu'elle donna au départ du lendemain.

» Je rentrai chez moi en réfléchissant à ce singulier rôle que le hasard, qui m'amenait à Naples, me faisait jouer dans la vie de nos deux amoureux. Je dis nos deux amoureux, parce que Ferdinand me paraissait, à lui seul, avoir assez d'amour pour tous les deux.

» Pourquoi était-ce moi et non un autre que le hasard avait choisi ? J'avoue que l'idée me vint que ce dieu que l'on représente les yeux couverts d'un bandeau avait tant soit peu soulevé son bandeau au moment où je passais, et n'avait pas sans quelque intention cachée mis ainsi la main sur moi.

» Mais j'avoue que cette intention était si bien cachée, qu'il m'était impossible d'apercevoir le plus petit bout de son oreille.

» La position me parut même un instant si ridicule pour moi, que je fus prêt à abandonner mon speronare à mes deux pèlerins et à voyager en corricolo.

» En cherchant bien quel sentiment me retint, je crois que ce fut le même qui retenait le bonhomme Mercier à la vie : la curiosité.

» Soit curiosité, soit tout autre sentiment, je dormis mal : c'était tout bénéfice, nous devions partir au point du jour ; mais, quand une femme est d'un voyage, si peu coquette qu'elle soit, on ne part jamais à l'heure ; à huit heures, nous descendions vers Sainte-Lucie, où nous devions nous embarquer.

» Le capitaine du petit bâtiment nous accompagnait.

» A peine avions-nous fait cent pas, que nous rencontrâmes un prêtre ; ce prêtre nous croisait, passant à notre gauche : double augure.

» Le capitaine secoua la tête.

» — Qu'y a-t-il, capitaine ? lui demandai-je.

» — Il y a, dit le capitaine, superstitieux comme un véritable Sicilien qu'il était, que, si vous m'en croyiez...

» Il s'arrêta, comme honteux de ce qu'il allait dire.

» — Eh bien, si nous vous en croyions, capitaine, que ferions-nous ?

» — Vous remettriez le départ à un autre jour.

» — Pourquoi cela ?

» — Vous n'avez pas vu ?...

» — Si fait : un prêtre.

» — Eh bien ?

» Je me retournai vers Ferdinand.

» — Eh bien ? répétai-je.

» — Bah ! dit en riant le baron, un prêtre ne me fait pas peur. C'est cela que nous allons chercher, justement.

» — Il n'y a pas de mal à rencontrer les prêtres que l'on va chercher, dit le capitaine ; mais ceux que l'on ne cherche pas, c'est autre chose.

» — Et vous croyez que ce prêtre nous portera malheur ?

» — Soit à vous, soit à vos projets.

» — Quant à moi, dis-je, je n'ai aucun projet, et la preuve, c'est que je croyais aller à Amalfi ou à Sorrente, et que je vais à Palerme. Donc, ajoutai-je en riant et en me retournant vers Maria et Ferdinand, avis à ceux qui en ont, des projets.

» Ferdinand se mit à chanter l'air de la *Muette :*

« Le ciel est beau, la mer est belle.

» C'était une réponse comme une autre, meilleure même qu'une autre. Nous continuâmes donc notre chemin vers le port.

» Notre petit speronare s'y balançait gracieusement. L'équipage, composé de dix marins et d'un mousse, fils du capitaine, nous attendait dans sa tenue de fête. Quatre d'entre eux se tenaient aux deux extrémités d'une planche jetée du bord sur le bâtiment, nous faisant double rampe avec deux avirons.

» Maria passa la première. Je remarquai qu'elle était très-pâle et que la main qu'elle appuyait sur la rampe improvisée, tremblait fort.

» Ferdinand la suivait, léger et joyeux comme un pinson.

» Je venais le dernier, en songeant à la prédiction du capitaine, me demandant quel était le projet que la malencontreuse rencontre du prêtre dût faire avorter; et, ne trouvant pas dans mon esprit un seul projet dont l'avortement pût me coûter un soupir, je commençais à croire que le présage ne me regardait point.

» On rentra la planche dans la bateau, on leva l'ancre.

» Nos matelots se mirent à ramer avec un chant d'une douceur infinie, et nous commençâmes de glisser entre un ciel et une mer d'azur.

» Nous avions une douce brise, favorable en tous points, et juste ce qu'il fallait pour voir décroître Naples lentement et majestueusement. Caprée, noyée dans le soleil du matin, apparaissait comme un nuage lumineux; tandis que toute la côte de Castellamare profilait à notre gauche sa gracieuse silhouette d'azur.

» Il était onze heures du matin.

» — Bon! s'écria tout à coup Ferdinand, et déjeuner?

» — Comment! lui demanda Maria, vous n'avez pas songé aux vivres?

» — Moi! pas du tout; est-ce que le capitaine aurait oublié les provisions, par hasard?

» — Ah! voilà bien d'un fou! s'écria Maria.

» — Oh! ou d'un amoureux, madame, lui dis-je. Par

bonheur, j'ai eu plus de précaution que Ferdinand, moi.

» — Ce qui prouve, dit Maria en riant, que vous n'êtes ni fou ni amoureux, vous.

» — Heureusement, non-seulement pour moi, mais pour tout le monde, dis-je en m'inclinant ; car, si j'avais été atteint de l'une ou l'autre de ces maladies au même degré que notre ami Ferdinand, nous ne risquions pas moins de mourir de faim.

» — Bah! dit Ferdinand, on vit d'amour.

» — Oui, fis-je ; mais ceux qui regardent les amoureux manger l'ambroisie et boire le nectar... Ah! d'ailleurs, cher ami, continuai-je en faisant signe à l'un des matelots qui remplissait à bord les fonctions de cuisinier, et qui, sur mon invitation, apporta un énorme panier, — d'ailleurs, libre à vous de vivre d'amour et de jouer le rôle de spectateur ; quant à madame, comme elle a avoué qu'elle tenait encore à la terre par un coin de l'estomac, je m'empresserai de lui offrir une tranche de ce pâté, ou l'aileron de cette dinde. — Apporte le second panier, Pietro. Le second panier, mon ami, c'est une chose encore plus méprisable, pour un amoureux, que du dindon ou du pâté : c'est du vin de Bordeaux, du larose assez médiocre ;

aussi à votre place, cher ami, je n'y goûterais même pas du bout des lèvres.

» — Peuh ! dit Ferdinand, si vous mangez, je mangerai.

» — Oui, pour nous faire plaisir ; allons donc, avouez que vous aviez faim.

» — Non, parole d'honneur, c'est vous qui m'y avez fait penser.

» Maria grignota, du bout des dents, une croûte de pâté et son aileron de dinde ; elle trempa le bout de ses lèvres dans un verre de vin de Bordeaux ; elle eut enfin cette suprême adresse qu'ont les femmes de manger peut-être relativement autant que les hommes sans avoir l'air de toucher à rien.

» Ferdinand dévora.

» On le voit, le voyage ne commençait pas sous de si fâcheux auspices que l'avait fait entrevoir le capitaine. Nous avions bonne brise, nous faisions deux lieues à l'heure, et il était probable que, plus nous avancerions vers la haute mer, plus le vent fraîchirait, et, par conséquent, plus nous irions vite.

» Mais, contre cette prévision — qui était celle du capitaine lui-même — vers le soir, au contraire, le vent mollit et le mouvement du petit navire se ralentit visiblement.

» Nous nous occupâmes alors des préparatifs pour la nuit.

» Le speronare était, à son arrière, orné d'une espèce de tente faite avec de grands cerceaux arrondis, allant d'un bordage à l'autre, et recouverts d'une toile cirée; dans cette tente, destinée primitivement à être ma chambre à coucher, j'avais fait, alors que je croyais voyager seul, porter un matelas de maroquin, le meilleur de tous les matelas dans les pays chauds, attendu qu'il reste toujours frais.

» Mais, au moment où j'avais réfléchi que, selon toute probabilité, le voyage durerait quatre ou cinq jours et autant de nuits, j'avais augmenté mon matériel de deux matelas.

» Puis, après une conversation dans laquelle je m'étais, avec toute la discrétion possible, enquis près de Ferdinand du degré d'intimité où il était avec Maria, conversation dont le résultat avait été tout à l'honneur de la célèbre artiste, il avait été convenu que l'on tirerait tous les soirs deux des trois matelas hors de la tente, et que Ferdinand et moi coucherions sur le pont, tandis que la cabine resterait la propriété entière de Maria.

» Des rideaux glissant sur une tringle formaient toute la fermeture de ce sanctuaire, qui gardait, mieux que les portes de fer de Derbend, notre commun respect.

» Nous suivîmes donc le programme, et, la nuit venue, nous tirâmes nos deux lits sur le pont; mais cette nuit était si belle, mais il y avait tant d'étoiles semées sur ce ciel et reflétées dans cette mer, que c'eût été péché, comme disent les Napolitains, que de fermer les yeux.

» Nous nous assîmes donc sur le pont et ouvrîmes les yeux tout grands.

Un des matelots avait une espèce de guitare à trois cordes. Maria la prit et chanta.

» Au bout de cinq minutes, capitaine et matelots faisaient cercle autour de nous. Au bout de dix minutes, ils s'étaient constitués en chœur et répétaient, avec l'admirable facilité musicale des peuples du Midi, les refrains des chansons ou des airs que chantait Maria.

» Tout à coup, Maria joua et chanta tout à la fois, sans rien dire, sans transition, une de ses plus vives saltarelles.

» Ce fut un cri dans tout l'équipage. Pendant quelques minutes, le respect contint nos hommes, qui se contentèrent de se balancer sur un pied et sur l'autre; puis, du balancement, on passa au trépignement, et, du trépignement, à la danse.

» Au bout d'un quart d'heure, il y avait bal général, bal d'autant plus complet, que les danses du Midi ont été réglées par un grand maître de ballets inconnu, dans la prévision qu'un temps viendrait probablement où l'on manquerait de femmes.

» La femme n'est donc pas un élément absolument nécessaire aux danses du Midi.

» Pendant ce temps-là, le navire, profitant d'un reste de brise, allait tout seul, à sa volonté, et comme un être intelligent.

» On dansa et l'on chanta jusqu'à une heure du matin.

» Enfin Maria se retira dans la cabine ; nous nous couchâmes, Ferdinand et moi, sur le pont ; les matelots descendirent par les écoutilles, et le pilote resta seul au gouvernail.

» Le vent faiblissait de plus en plus, la mer était calme comme un miroir, à peine sentait-on le mouvement du navire.

» On eût dit qu'il flottait dans l'air.

VIII

» Nous nous éveillâmes avec le premier rayon du jour.

» Le navire, pendant toute la nuit, n'avait pas fait une lieue. Nous nous étions endormis en vue de Caprée. Il faisait un temps magnifique ; le ciel était splendide ; les amoureux seuls, s'ils étaient pressés, pouvaient se plaindre d'un pareil temps.

» Maria passa sa tête blonde à travers les rideaux de la cabine.

» — Eh bien ? demanda-t-elle.

» — Eh bien, chère amie, lui dis-je, nous en avons pour huit jours.

» — Avons-nous pour huit jours de provisions ?

» — Dame, avec la pêche, nous pouvons faire face à une semaine de calme.

» — Alors, va pour une semaine de calme.

» Et elle rentra sa tête dans la cabine ; les rideaux se refermèrent sur la blonde apparition.

» — Et moi ! dit Ferdinand, il n'y a rien de plus pour moi ?

» — Si fait, répondit la voix du fond de la cabine, mille tendresses.

» — Hum ! fit Ferdinand, mille tendresses, c'est bien peu.

» Je m'approchai du capitaine.

» — Et vous, lui demandai-je, pour combien de jours croyez-vous à ce temps-là ?

» — Je n'en sais rien, demandez au *prophète*. Mais, voyez-vous, nous avons rencontré un prêtre en embarquant, et je serais bien étonné si notre voyage s'accomplissait sans accident.

» Le *prophète*, c'était le pilote, vieux loup de mer, nommé Nunzio, qui avait été embarqué à dix ans et qui naviguait depuis quarante.

» Je m'approchai de lui.

» — Beau temps, prophète ? lui demandai-je.

» Il regarda du côté du couchant.

» — Il faudra voir, dit-il.

» — Comment ! il faudra voir ?

» — Oui.

» — Quoi ?

» — Ce que cela durera.

» — S'il change pour nous donner un peu de vent, il n'y aura pas de mal.

» — Oui ; mais, s'il change pour nous en donner beaucoup...

» — Qu'appelez-vous beaucoup ?

» — Beaucoup, cela veut dire trop.

» — Ah ! ah ! vous craignez une tempête ?

» — Non, une bourrasque ; mais ne parlez pas de cela à la dame.

» — Pourquoi ?

» — Peut-être ne chanterait-elle plus.

» — Oh ! vieux prophète, on voit bien que nous sommes dans le pays des sirènes.

» — Ah ! c'est que, hier, elle a chanté toute sorte d'airs de notre pays, et vous ne savez pas le plaisir que cela fait, quand on est entre le ciel et l'eau, d'entendre un chant de son pays.

» — Eh bien, sois tranquille, elle chantera.

» — Tâchez qu'elle chante le plus près possible du gouvernail.

» — Je lui dirai ton désir, et, comme ton désir est un compliment, elle y accédera.

» En ce moment, je sentis comme une légère secousse. Nous n'avions plus que le foc et une espèce de misaine ; je crus à un retour du vent.

» — Non, me dit Nunzio, qui s'aperçut de mon erreur ; ce sont les camarades qui vont essayer de ramer.

» Effectivement, six de nos matelots avaient tiré de l'entre-pont six longues rames, et ils commençaient de nager.

» Les avirons, comme dans les bateaux ordinaires, s'amarraient à des taquets ; seulement, les hommes ramaient debout, afin que l'extrémité de leurs rames pût atteindre l'eau et mordre dessus.

» C'était un rude labeur ; mais bientôt ils en adoucirent la rudesse en chantant une chanson d'une mélancolie charmante, dont les premiers mots étaient :

» Sparano la vela.

» A la fin du premier couplet, Maria était sortie de la cabine et se tenait debout, écoutant, tandis que Ferdinand, son album à la main, notait cette mélodie, d'une extrême simplicité.

» Au second couplet, Maria s'approcha de moi :

» — Faites-moi donc des vers là-dessus, me dit-elle.

» — Bon! lui dis-je, vous ne chanterez pas cela dans un concert?

» — Non; mais je me le chanterai à moi-même; ce sera un souvenir.

» — Convenez que je suis bien bon de vous aider à garder un souvenir de votre pèlerinage conjugal à Sainte-Rosalie?

» — Vous me refusez?

» — Dieu m'en garde!

» — En vérité, je vous jure que vous eussiez eu tort; car mon intention est d'isoler ce souvenir de tout le présent, pour le rattacher à un autre souvenir du passé.

» — Madame la baronne, madame la baronne!...

» — Je ne le suis pas encore.

» — Pas un petit peu?

» — Pas le moins du monde.

» Je m'inclinai.

» — Vous aurez vos vers dans un quart d'heure.

» J'allai m'asseoir du côté opposé à Ferdinand, et, tandis qu'il copiait sa musique à bâbord, je scandais mes vers à tribord.

» Au bout d'un quart d'heure, Maria avait ses vers

» — Attendez, lui dis-je, il y a quelque chose à faire de mieux que tout cela.

» — Quoi ?

» — Copiez la chanson originale.

» — Après ?

» — Je vais faire un refrain qui se répétera en chœur.

» — Après ?

» — Ferdinand en fera la musique, séance tenante.

» — Après ?

» — Eh bien, après, ce sera tout ; vous chanterez les solos, et tous nos matelots reprendront le refrain en chœur.

» — Tiens ! c'est une idée.

» — Il m'arrive quelquefois d'en avoir, témoin celle que je vous communiquais hier.

» — Où cela ?

» — Au bord de la mer.

» — Laquelle ?

» — Que vous faites une sottise en vous mariant.

» — Ne parlons plus de cela. Nous en ferions une autre.

» — Oui ; mais au moins celle-là ne serait pas irréparable.

» — Pourquoi ?

» — Parce que nous ne serions pas assez bêtes pour nous marier, nous.

» — Homme immoral que vous êtes! Laissez-moi.

» — Allez copier vos vers et en étudier la musique.

» — Oh! la musique, je la sais déjà.

» Et elle se mit à chanter l'air.

» — Vous le voyez, lui dis-je, vous faites votre effet.

» — Ne vous occupez pas de moi et composez votre refrain, vous.

» Je composai un refrain de deux vers italiens dans le sens de la chanson.

» Puis j'allai porter ces deux vers au capitaine, pour qu'il les fît passer en patois sicilien.

» Ce ne fut pas long. En Sicile comme en Calabre, tout le monde est poëte et musicien.

» Mes deux vers patoisés, je les portai à Ferdinand, qui, en un instant, en eut fait la musique.

» — Attention, maintenant! dis-je à nos rameurs.

» Ferdinand se leva et leur fit répéter le refrain.

» Alors Maria s'approcha d'eux, et, sur le pont, debout, les yeux au ciel, elle commença la mélodieuse cantilène.

» Le premier couplet fini, les matelots chantèrent le refrain avec un admirable unisson.

» Puis Maria reprit.

» Il me serait impossible de rendre le charme de cette scène : le pilote était couché sur le toit de la cabine, et avait complétement cessé de s'occuper du gouvernail; chaque matelot avait passé sa rame sous sa jambe et la maintenait avec son jarret, afin d'avoir les deux mains libres pour applaudir; quant à nous, nous regardions Maria, — Ferdinand, avec un amour indicible, — moi, avec une admiration réelle.

» Piétro, en sortant d'une écoutille avec un plat de chaque main et un pain sous son bras, eut seul le pouvoir de nous tirer de notre contemplation.

» Les matelots s'empressèrent de nous étendre une voile, et nous nous assîmes pour déjeuner à l'ombre de cette voile.

» Après le repas, je laissai causer Ferdinand avec Maria, et je m'approchai du pilote.

» — Eh bien, ce fameux vent, lui dis-je, il paraît qu'il ne se presse pas ?

» — Avez-vous bien déjeuné? demanda le pilote.

» — Très-bien.

» — Alors, si j'ai un conseil à vous donner, dînez encore mieux.

» — Pourquoi cela ?

» — Parce que, demain, vous ne serez guère en train de déjeuner, ni même de dîner.

» — Bah ! vous riez.

» — Les camarades ont dû vous dire que je ne riais jamais.

» — Et vous dites, prophète?...

» — Je dis que nous aurons du bonheur si nous n'avons pas du bouillon cette nuit.

» — Eh bien, pourquoi alors, à force de rames, ne gagnons-nous pas quelque crique de la côte de Calabre?

» Nunzio jeta les yeux sur la côte de Pestum, qui apparaissait à notre gauche comme une ligne d'azur aux douces ondulations.

» Puis, secouant la tête :

» — Jamais ils n'auraient le temps, dit-il; il leur faudrait dix ou douze heures.

» — Tandis qu'à la bourrasque, il ne lui en faudra que... combien ?

» — Que sept ou huit.

» Je tirai ma montre.

» — Alors, dis-je, ce sera pour neuf heures ?

» — Oui, vers ce temps-là, dit Nunzio, une heure ou une heure et demie après l'*Ave Maria*... Mais n'en dites rien; c'est inutile de tourmenter d'avance la petite dame.

» — Vieux prophète, lui dis-je en riant, tu as un faible pour elle.

» — Je ne comprends pas, répondit-il.

» — Je dis que tu es amoureux de notre belle voyageuse, quoi !

» — Oui, mais comme je suis amoureux de la madone.

» Et il salua comme on salue en passant devant une sainte image.

» J'allai rejoindre mes compagnons. La journée se passa à jouer de la guitare et à chanter. Je dis des vers d'Hugo, de Lamartine et d'Auguste Barbier, et j'entendis mes matelots, qui ne me comprenaient pas, et qui croyaient, non pas que je répétais de mémoire, mais que je composais, m'appeler *improvisatore*.

» Cela leur donna une grande considération pour moi. A Naples, l'improvisateur est demi-dieu ; en Sicile, il est dieu tout à fait.

» Pendant l'après-midi, cet azur du ciel si profond et si transparent s'effaça peu à peu ; le firmament prit une teinte laiteuse et maladive ; le soleil se coucha dans des nuages qui ressemblaient aux vapeurs des marais Pontins.

» L'heure de l'*Ave Maria* était venue. Le pilote prit

dans ses bras le fils du capitaine, le mit à genoux sur le toit de la cabine, et l'enfant dit pour lui et pour nous cette prière du soir si solennelle en Italie, plus solennelle en mer que partout ailleurs.

» Pendant que l'enfant disait sa prière, un gros nuage noir montait, poussé par un vent du sud-ouest.

» C'était le *bouillon* promis par Nunzio.

» Aussi, la prière finie, me toucha-t-il du coude, tout en mettant un doigt sur ses lèvres.

» — Je le vois pardieu bien ! lui répondis-je.

» De temps en temps aussi, les matelots et même le capitaine tournaient les yeux du côté du nuage, qui s'avançait rapidement en étendant, comme eût fait un aigle gigantesque, une de ses ailes vers le nord, l'autre vers le sud.

» La lune apparaissait ou plutôt transparaissait au milieu d'une vapeur blafarde, qu'allait bientôt recouvrir ce nuage qui s'avançait à grands pas.

» Par moments, ses flancs obscurs se lézardaient et un éclair courait comme un serpent de feu dans ces épaisses ténèbres.

» On n'entendait pas encore la foudre, mais on la sentait venir.

» La mer, sans qu'un seul souffle de vent passât encore dans l'atmosphère, devenait clapoteuse comme si quelque feu souterrain, se croisant du Vésuve à l'Etna, la faisait frissonner.

» Bientôt, à l'horizon d'où venait le nuage, et paraissant marcher du même pas que lui, nous vîmes s'avancer une ligne d'écume, tandis que, de place en place, on voyait, à la surface des flots, se dessiner ces espèces de frémissements que les marins appellent des pattes de chat.

» Enfin un souffle brûlant passa dans nos cordages, et fit frissonner la seule voile qui, avec le foc, restât au bâtiment.

» — Prenez deux ris ! cria le pilote à l'équipage.

» En même temps, le capitaine, s'avançant vers nous, et s'adressant particulièrement à Maria :

» — Signora, et vous, seigneurs, nous dit-il, je n'ai point de conseils à vous donner ; mais, à mon avis, vous feriez bien de rentrer dans la cabine.

» — Y a-t-il danger ? demanda Maria d'un ton assez calme.

» — Non ; mais nous allons avoir bourrasque, c'est-à-dire pluie et vent, et vous ne pourriez rester sur le pont, ou vous seriez, en quelques instants, trempés jusqu'aux os, et où, d'ailleurs, vous gêneriez la manœuvre.

» Je connaissais ces sortes de recommandations, et je me retournai vers Maria :

» — Vous entendez, madame? lui demandai-je. Voulez-vous bien nous donner l'hospitalité pour cette nuit?

» — Vous n'en doutez pas, dit-elle; je l'espère du moins.

» En ce moment, arriva, par le travers du speronare, une bouffée de vent si violente, que le bâtiment se pencha sur le côté, et trempa le bout de sa vergue dans l'eau.

» En même temps, un éclair, pendant la durée duquel on vit aussi clair qu'en plein jour, fendit le ciel.

» — Rentrons, rentrons, dis-je à Maria. Le capitaine a raison, nous gênerions la manœuvre.

» Au même instant, la voix de Nunzio se faisait entendre.

» — *Tutto a basso!* criait-il.

» Les matelots se précipitèrent vers la voile, qui faisait plier la vergue comme un roseau.

» Je fis entrer Maria dans la cabine. J'y poussai Ferdinand et j'y rentrai derrière elle.

» A peine les rideaux étaient-ils retombés derrière

moi, qu'un effroyable coup de tonnerre éclatait, et que le bâtiment éprouvait une telle secousse, que Maria tombait sur son matelas en jetant un cri, tandis que nous ne restions debout, Ferdinand et moi, qu'en nous cramponnant l'un à l'autre.

» C'était le premier avertissement de la tempête : comme une ennemie généreuse, qui veut donner à son adversaire le temps de prendre des forces contre elle, elle parut consentir à nous donner quelques minutes de relâche.

» Tout était rentré dans l'obscurité, dans le silence, je dirais presque dans l'immobilité.

» Nous profitâmes de l'armistice pour nous asseoir, Ferdinand et moi, sur le matelas étendu en face de celui sur lequel Maria était couchée.

» Une lampe, suspendue au plafond, nous éclairait de sa lueur tremblante.

» Maria nous regardait alternativement l'un et l'autre, et semblait se demander auquel de nous deux, au moment du danger, elle s'adresserait pour avoir du secours.

» Ferdinand était petit, mince et pâle ; son organisation frêle et nerveuse donnait peu de garanties en cas de catastrophe ; tout au contraire, fortement taillé, vigoureusement bâti, n'éprouvant aucun malaise, même dans les gros temps, j'avais cet aspect de calme et de puissance qui, à tort ou à raison, appelle la confiance et affermit le cœur.

» Le regard de Maria finit par s'arrêter sur moi ; ce regard me disait clairement : « Vous savez que c'est sur vous que je compte ! »

» J'avoue que je me sentis tout enorgueilli de cette préférence, qui ne paraissait, du reste, inspirer à Ferdinand aucune jalousie.

» Ferdinand avait bien autre chose à faire que d'être jaloux ! Il avait le mal de mer.

» Je compris que son immobilité et sa pâleur ne venaient point de la crainte ; j'avais si souvent vu se développer autour de moi les symptômes de l'horrible indisposition qui l'envahissait peu à peu, que je ne m'y trompai pas un moment.

» — Vous souffrez ? lui dis-je.

» Il me fit de la tête signe que oui.

» Tout est une fatigue dans cette situation, et un monosyllabe à prononcer est une grande affaire.

» — Quelque temps qu'il fasse, lui dis-je, si vous avez le mal de mer, vous serez mieux dehors qu'ici.

» — En effet, dit-il, l'odeur de cette lampe me fait mal.

» Il est incroyable, en pareille circonstance, l'acuité que prend le sens de l'odorat; on dirait qu'il s'est fortifié de l'affaiblissement des quatre autres. Cette odeur, que le baron prétendait lui être insupportable, je ne la sentais même pas.

» Ferdinand avait réuni toutes ses forces pour prononcer la phrase qu'il venait de dire. Il saisit mon bras. Je me dressai sur mes jambes, et, en me dressant, je l'enlevai avec moi : deux ou trois fois nous faillîmes — tant le mouvement de notre barque était oscillatoire — tomber tous deux avant de gagner la porte. Enfin, je me cramponnai au rideau, et je parvins, tout en trébuchant, à m'accrocher à un cordage.

» Le capitaine, en nous voyant faire une sortie si mal assurée, comprit qu'il se passait quelque chose d'extraordinaire, et accourut.

» Ferdinand le prit par le cou.

» Un homme qui se noie s'accrocherait, dit-on, à

une barre de fer rouge. Un homme qui a le mal de mer est bien autrement tenace.

» — Ah! capitaine, dit Ferdinand me lâchant pour se cramponner au patron du speronare, emmenez-moi, par grâce, à l'autre bout du bâtiment.

» Il était évident que, non-seulement dans la situation où il était, mais encore dans celle plus grave qu'il prévoyait, il ne se croirait jamais assez loin de Maria.

» Ses désirs furent exaucés. D'un pied aussi ferme qu'il était possible de le conserver dans une pareille tourmente, le capitaine emmena Ferdinand, et je vis celui-ci, en s'aidant non-seulement de l'épaule du capitaine, mais encore de tout ce qu'il rencontrait sur sa route, hommes, agrès ou cordages, s'enfoncer dans l'obscurité.

» Autant que j'en pouvais juger d'après ma longue expérience, j'estimai à deux ou trois heures de durée au moins les affaires que Ferdinand avait à régler à l'avant du speronare.

» Je ne pouvais laisser Maria seule; la tempête augmentant de moment en moment, elle pouvait avoir besoin de mon secours; il n'y a pas que la peste de contagieuse.

» Je rentrai dans la cabine; Maria était loin d'être rassurée, mais elle ne se sentait pas le moindre symptôme d'indisposition ; elle en était à son cinquième ou sixième voyage sur mer, et, sous certains rapports, elle était aguerrie.

» Elle me revit avec un plaisir qu'elle ne chercha point à dissimuler.

» — Ah ! me dit-elle, j'avais peur que vous ne revinssiez pas.

» — Avez-vous entendu crier : « Un homme à la » mer ? »

» — Non, quoique j'écoutasse de toutes mes oreilles.

» — Eh bien, alors, vous étiez bien sûre de me revoir.

» — Vous pouviez être indisposé, comme Ferdinand.

» — Et vous vous apprêtiez à rire de nous deux, vous, la femme forte de l'Évangile.

» — Non. Savez-vous ce que je me disais tout à l'heure en vous regardant l'un à côté de l'autre ?

» — Redites.

» — Eh bien, je me disais que, s'il y avait danger, c'est en vous que j'aurais confiance et non pas en lui.

» Je lui tendis la main, elle me la serra entre les siennes.

» Ce serrement de main correspondait juste à un effroyable coup de tonnerre. Sans doute elle trouva que j'étais trop bon conducteur ; car, me repoussant doucement :

» — Là-bas, me dit-elle ; couchez-vous là-bas sur le matelas en face du mien ; vous ne pouvez rester debout par un pareil roulis.

» En effet, la lame, qui prenait le petit bâtiment en travers, lui imprimait une oscillation si violente, que deux ou trois fois déjà j'avais failli tomber.

» Comme, en effet, je sentais que le conseil que me donnait Maria était plein de prudence, et que plus je m'éloignerais d'elle, moins je risquerais de manquer aux saintes lois de l'amitié, je parvins sans trop de maladresse à me jeter sur mon matelas.

» Nous nous trouvâmes en face l'un de l'autre, séparés seulement par un espace d'un mètre qui s'étendait entre nos deux matelas :

» Elle, appuyée sur son coude droit ; moi, sur mon coude gauche, nous regardant et nous souriant.

» D'un moment à l'autre, la lampe, à bout d'huile, menaçait de s'éteindre.

» La tempête allait toujours augmentant de violence ; on entendait le piétinement des matelots, le craquement du mât et des agrès, les ordres brefs et saccadés de Nunzio.

» De temps en temps, Maria demandait de sa voix claire et sonore :

» — *Non c'è pericolo, capitano ?*

» Et, d'un endroit ou de l'autre, le capitaine répondait :

» — *No, no, no ; siete quieta, signora.*

» Et un coup de vent plus violent, une lame plus forte, venant démentir la parole du capitaine, faisaient pousser un petit cri à Maria.

» La lampe se mit à petiller.

» — Oh ! mon Dieu ! dit Maria, nous allons rester sans lumière !

» — Nous ouvrirons nos rideaux, lui dis-je, et les éclairs remplaceront notre lampe.

» — Non, dit-elle, j'aime encore mieux l'obscurité que cette lumière-là.

» Le mouvement du bâtiment, les grondements du tonnerre qui roulait sans interruption, les cris de *Burrasca ! sirocco ! mistrale !* qui retentissaient, enchaînés les uns aux autres comme une annonce du danger que l'on avait à combattre, et comme un appel au courage des matelots, tout cela allait croissant et avec un accent de plus en plus inquiet.

» Maria répétait presque machinalement la phrase :

» — *Non c'è pericolo capitano ?*

» Pendant ce temps, notre lampe jetait en petillant ses dernières lueurs.

» Tout à coup, les cris *Burrasca ! burrasca !* redoublèrent. Le tonnerre éclata comme s'il tombait sur le petit bâtiment lui-même. Une vague énorme le souleva en le frappant en plein travers.

» Maria perdit l'équilibre, qu'elle ne conservait qu'à grand'peine sur son matelas, et, glissant sur la pente du plancher, inclinée comme celle d'un toit, se trouva dans mes bras.

» La lampe s'éteignit.

» — *Questa volta, c'è pericolo*, lui dis-je en riant.

» En effet, le péril était grand ; seulement, il avait changé de nature.

» — Ah ! me dit Maria en respirant, lorsque le péril fut passé, qui va se douter que, dans un pareil moment, vous ne soyez pas plus ému !

. . . .

» La tempête dura toute la nuit. Bienheureuse tempête ! elle ne se doutait guère que, parmi tous ceux qu'elle avait menacés de mort, il y avait un homme qui lui garderait une éternelle reconnaissance.

» Au matin, la mer commença de calmir. J'avais remplacé Ferdinand à l'avant du navire, et je regardais en souriant ces montagnes qui nous soulevaient, ces vallées qui semblaient vouloir nous engloutir. Je respirais avec cette large haleine de l'homme jeune, fort et heureux

» Je sentis qu'un bras se glissait sous mon bras et s'appuyait au mien.

» Je tournai doucement la tête, et vis le doux visage de Maria, tout baigné de langueur.

» — *Il pericolo è sparito*, lui dis-je en riant.

» — Chut! me répondit-elle, et causons sérieusement.

» — Comment, sérieusement?

» — Mais oui, très-sérieusement.

» — Et Ferdinand?

» — Il est brisé de sa nuit et dort tout trempé.

» — Voilà ce que c'est que d'avoir le mal de mer, lui dis-je.

» — Ne riez pas, vous me faites peine.

» — Vraiment?

» — Sans doute, pauvre garçon!

» — Bon! il est bien à plaindre!

» — Vous ne savez pas comme il m'aime!

» — Eh bien, qui lui dira jamais ce qui s'est passé?

» — Moi donc.

» — Comment, vous?

» — Oui, moi; croyez-vous que je vais épouser Ferdinand après ce qui s'est passé entre nous?

» — Diable! c'est si grave que cela?

» — Mais oui, monsieur, c'est si grave que cela.

» — Bon! un accident.

» — Voilà justement où est le mal.

» — Expliquez-moi cela.

» — C'est que ce n'est pas tout à fait un accident.

» — Bah!

» — Tenez, du moment où je vous ai revu...

» — Eh bien?

» — Eh bien, j'ai senti dans mon cœur qu'un jour ou l'autre je serais à vous.

» — Vraiment?

» — D'honneur! Dès lors, ce n'était plus qu'une affaire de temps et de circonstance.

» — De sorte que cette nuit...

» — Quand vous m'avez tendu la main...

» — Vous avez deviné que le temps était venu et la circonstance urgente.

» — Si vous riez, non-seulement je ne vous dis pas le reste, mais je ne vous reparle de ma vie.

» — Dieu me garde de m'exposer à un pareil châtiment! Tenez, je ne ris plus, je vous regarde.

» Je ne sais quelle expression avaient prise mes yeux, mais sans doute rendaient-ils ma pensée.

» — Vous m'aimez donc un peu? me dit-elle.

» — Je vous adore tout simplement.

» — Répétez-moi cela pour me consoler.

» — Et vous, achevez ce que vous avez à me dire. Vous voyez bien que je ne ris plus.

» — Eh bien, j'avais à vous dire que, cette nuit, je ne me suis pas si bien cramponnée à mon matelas que j'aurais dû le faire, et qu'il y a, dans l'accident qui m'est arrivé, un peu moins de roulis que vous ne pourriez le croire.

» — Oh! lui dis-je, que vous êtes bien l'adorable créature que j'avais pressentie dès Paris!

» — Oui, me répondit-elle sérieusement; mais, adorable ou non, cette créature est une honnête femme. Entre Ferdinand et moi, il avait été convenu qu'il ne serait jamais question du passé; mais la tempête de cette nuit, c'est du présent; j'ai donc manqué à ma parole, et ce mariage ne peut plus avoir lieu.

» — Avouez que vous n'êtes pas fâchée d'avoir trouvé un prétexte.

» — Voyons, seriez-vous fâché, vous, de passer un mois avec moi dans le plus beau pays du monde?

» — Non, car ce mois serait peut-être le plus heureux de ma vie.

» — Eh bien, voici ce que vous allez faire en arrivant à Palerme.

» — D'abord, je vous dirai que nous allons à Messine et non à Palerme.

» — Pourquoi cela?

» — Parce que le vent nous pousse à Messine et non à Palerme, et que le capitaine vient de me dire que, si nous mettions le cap sur Messine, nous y serions demain au soir, tandis que, si nous nous obstinions à aller à Palerme, nous y serions Dieu sait quand.

» — Eh bien, soit ; allons à Messine, peu m'importe. Je ferai par terre le reste du voyage. Voici donc ce que vous allez faire en arrivant à Messine...

» — Ordonnez, j'obéirai de point en point.

» — Vous nous quitterez, Ferdinand et moi, pour continuer votre voyage; vous parti, je lui dis tout.

» Je fis un mouvement involontaire.

» — Oh ! soyez tranquille ! me dit-elle, je serai aussi franche avec lui que je l'ai été avec vous ; par le premier bateau à vapeur, il retournera à Naples.

» — Vous vous laisserez attendrir...

» — Non ; je suis inflexible quand je suis dans mon tort.

» — Et moi, que deviendrai-je?

» — Vous, si vous n'êtes pas pressé de me revoir, vous ferez le tour de la Sicile; si vous êtes pressé, au contraire, à Girgenti ou à Selinonte, vous prendrez des chevaux ou des mulets, vous traverserez la Sicile, et vous viendrez me rejoindre à Palerme.

» — Je prendrai des chevaux ou des mulets, et j'irai vous rejoindre à Palerme.

» — Bien sûr.

» — Oh! je vous réponds que vous pouvez y compter.

» Elle me tendit la main.

» — J'y compte, dit-elle; d'ici là, pas un mot, n'est-ce pas? pas une parole qui puisse donner le moindre soupçon de ce qui est arrivé. Il ne faut pas que l'on devine, il faut que j'avoue.

» Tout cela était d'une logique si pleine de délicatesse, qu'il n'y avait rien à redire.

» Je promis donc de me conformer en tout point aux instructions de Maria.

» Nous venions de conclure ce pacte, lorsque Ferdinand reparut. Il avait l'air d'arriver de l'autre monde.

» Comme Maria n'était jamais bien démonstrative envers lui, elle n'eut rien à changer à ses manières.

» Je les laissai seul. J'avoue que j'étais fort embarrassé en face de mon pauvre ami, quoique la faute ne fût pas à moi, mais à la tempête.

» Comme si elle n'était sortie de la grotte d'Éole que pour amener l'accident que j'ai raconté, elle se calmait rapidement. A tous ces vents accourant des quatre coins du ciel avait succédé une bonne brise de nord-ouest qui aplanissait la mer et balayait le ciel. Les rivages de la Calabre apparaissaient comme une ligne d'azur, et, vers les quatre heures du soir, nous longions la côte d'assez près pour que le capitaine nous dît le nom de toutes ces agglomérations de points blancs qui commençaient de se dessiner sur la rive.

» Le soir, lorsque le fils du capitaine dit l'*Ave Maria*, la mer était unie comme un miroir ; il n'y avait pas un nuage au ciel.

» Il va sans dire que cette nuit Ferdinand et moi fûmes exilés de la cabine, et couchâmes sur le pont.

» Rien de plus charmant que les orages d'été sur les côtes de Naples et de Sicile. Ils ont l'air de querelles d'amant et de maîtresse ; la nature crie, tempête, pleure, puis la paix se conclut, le calme renaît, le sourire du soleil reparaît sur le ciel bleu, les larmes se sèchent, les beaux jours sont revenus.

» Nous naviguâmes toute la journée, filant sept à huit nœuds à l'heure, de sorte que, vers quatre heures de l'après-midi, nous commençâmes de distinguer le cap Palmieri ; du point d'où nous venions, il semblait complétement fermer le passage ; le détroit de Messine était parfaitement invisible, et nous avions l'air de courir droit sur la côte.

» A notre gauche blanchissait le village de Scylla, pareil à une cascade de maisons, qui du haut de la colline se précipiterait dans la mer.

» A mesure que nous approchions, nous voyions la mer s'enfoncer comme un fer de lance entre les côtes de Sicile et celles de Calabre.

» Enfin nous distinguâmes le détroit.

» Nous passâmes sur Charybde, et allâmes jeter l'ancre dans l'ancien port de Zancle, auquel sa forme, qui est celle d'une faux, avait fait donner ce nom.

» Il était trop tard pour débarquer.

» Nos matelots, enchantés d'être arrivés et d'avoir réglé leurs comptes avec la tempête, passèrent toute la soirée à chanter et à danser. Pendant ces danses et ces chants, Maria trouva moyen de me serrer la main en passant et de me dire tout bas :

» — C'est convenu, vous partez demain matin. Ferdinand part par le premier bateau à vapeur, et nous nous retrouverons à Palerme.

» Je lui rendis son serrement de main en répétant :

» — C'est convenu.

» La nuit s'écoula, merveilleuse, étoilée, transparente. La brise, douce comme une caresse, embaumée comme un parfum, semblait vouloir envelopper la terre entière de ses baisers.

» Je dormis peu ; mais ce qui faisait le charme de mon insomnie, c'est que je sentais, quoique éloigné d'elle, que Maria ne dormait guère plus que moi.

» Deux ou trois fois, enveloppée de son peignoir de mousseline, elle entr'ouvrit ses rideaux pour regarder le ciel et chercher à l'orient le premier rayon de l'aurore.

» Une fois elle sortit, s'avança sur le pont, légère comme une ombre, et passa assez près de mon matelas pour que je pusse prendre le bas de son peignoir et le baiser.

» Ferdinand dormait les poings fermés, et se rattrapait des fatigues de l'orage.

» Deux ou trois fois dans la journée, faisant allusion au prêtre que nous avions rencontré au moment de nous embarquer :

» — Diable de prêtre ! avait-il dit. Je ne suis pas superstitieux, cependant il faut avouer que le capitaine avait raison.

» Qu'allait-il donc dire quand il saurait qu'il avait fait un voyage inutile ?

» Le jour vint ; le port s'éveilla le premier, la ville ensuite ; les canots se détachèrent du rivage et vinrent visiter les bâtiments arrivés soit dans la soirée, soit dans la nuit. Le capitaine fit un signal, la Santé arriva. Les vérifications furent faites, et l'on put descendre.

» Le moment des adieux était venu. Je serrai, avec un certain sentiment de remords mêlé de honte, la main de Ferdinand. J'embrassai Maria, qui, tout en recevant et en me rendant mon baiser, me dit tout bas :

» — A Palerme !

» Elle descendit la première dans le canot, Ferdinand après elle. Le canot se détacha du speronare et rama vers Messine.

» Maria s'était assise de manière à ne pas me perdre de vue un instant. Elle me regardait et me souriait. Regard et sourire me disaient visiblement : « Je suis » calme, je suis heureuse, je compte sur toi. »

» La femme la plus douce, la plus sensible à la pitié est cruelle quand elle n'aime pas. Maria se disait dans son cœur qu'elle faisait une chose honnête et selon sa conscience, en révélant tout à Ferdinand. Mais elle ne s'inquiétait en aucune façon de l'effet que produirait sa révélation sur l'homme qui l'aimait et qu'elle n'aimait pas ; elle avait accompli ce qu'elle regardait comme un devoir ; cela lui suffisait.

» Arrivée au port, elle me fit un dernier signe d'adieu avec son mouchoir ; je lui en fis un dernier avec mon chapeau ; elle sauta sur le rivage, refusa le bras de Ferdinand, e ne sais sous quel prétexte, marcha près de lui pendant une centaine de pas, se retourna une dernière fois, et, pareille à une ombre, s'évanouit au coin d'une rue.

» Le capitaine les avait accompagnés ; il revint avec ses papiers en règle. Rien ne me retenait à Messine, l'une des villes les plus ennuyeuses du monde et que, d'ailleurs, je connaissais.

» Nous fîmes donc provision de viande, de poisson et de légumes frais, et, profitant du vent qui était bon, nous remîmes à la voile le jour même.

» Huit jours après, j'étais à Girgenti, l'ancienne Agrigente ; je laissais mon bâtiment dans le port en donnant l'ordre qu'il fît le tour par Marsala et vînt me rejoindre à Palerme ; je prenais des chevaux, je traitais avec un chef de bandits pour n'être point arrêté en route, et, après trois jours de voyage à travers terres, j'arrivais à Palerme et demandais l'hôtel des Quatre-Nations, où devait descendre Maria.

» Là, je m'informai. Elle était arrivée seule, avait eu un succès énorme, et logeait effectivement à l'hôtel.

» Elle venait de partir pour la répétition.

» Je pris une chambre au même étage qu'elle, ni trop près ni trop loin de son appartement.

» Puis je courus aux bains; je tenais à être chez moi quand elle arriverait.

» J'y étais en effet, penché sur la rampe au haut de l'escalier. Lorsqu'on lui dit en bas qu'un *monsieur* s'était informé d'elle et l'attendait:

» — Oh! c'est lui! s'écria-t-elle.

» Et elle s'élança par les degrés.

» Elle s'y jeta, s'inquiétant peu si les domestiques la suivaient, si les autres voyageurs la voyaient ou l'entendaient, et entra dans son appartement en criant :

» — Je suis libre! je suis libre! Oh! comprends-tu ce qu'il y a de bonheur dans ce mot : libre, libre, libre!

» En effet, jamais oiseau dans l'air, cavale dans la plaine, chevreuil au bois, ne m'avaient donné une pareille idée de la grandeur, je dirai presque de la majesté de ce mot : LIBRE!

» Maria m'avait promis un mois de bonheur dans le plus beau pays du monde; elle me donna quinze jours de plus qu'elle ne m'avait promis. Après vingt ans, je dis : Merci, Maria! jamais débiteur n'a payé comme vous intérêt et capital!

» Quant à Palerme, qu'en dire? C'est le paradis du monde. Que la bénédiction des poëtes soit sur Palerme!

» Au bout de six semaines, il fallut se séparer. Quinze jours s'étaient passés en luttes désespérées. Chaque jour, j'avais dû partir ; chaque jour, cette résolution s'était évanouie au milieu des larmes.

» Chaque jour, je disais : « Je partirai demain. »

» Enfin, le moment du départ arriva : je remontai sur mon bâtiment, Maria ne le quitta qu'au moment où on levait l'ancre. Elle jouait le soir : elle dut être sublime.

» Le vent était favorable. Il me restait à voir celles des îles de l'archipel que je n'avais pas visitées à mon dernier voyage. Nous mîmes le cap sur Alicuri.

» Pendant quinze ou vingt milles, le vent continua de souffler de manière à nous faire faire cinq à six lieues à l'heure ; puis il tomba peu à peu, et nous nous sentîmes pris par le calme.

» Je regrettai alors de n'avoir pas retardé mon départ d'un jour de plus, puisque mon départ ne servait à rien.

» J'eus une de ces nuits merveilleuses où l'on jouit par tous les sens de tous les enchantements de la nature : ciel profond, mer transparente, étoilée, splendide, parfums de la plage, senteur des flots, frémissement de l'invisible autour du réel ; tout semblait réuni pour me faire oublier ce que je venais de perdre, ou pour me faire comprendre que ce que je venais de perdre me manquait seul pour faire de moi un des privilégiés de la création.

» Je m'endormis au jour, pensant à Maria, et me disant :

» — Elle pense à moi !

» Vers les sept heures du matin, le capitaine me réveilla, en me disant qu'une barque venait de sortir du port et se dirigeait de notre côté en faisant des signaux.

» Je m'élançai hors de la cabine, avec l'idée que cette barque m'apportait une lettre de Maria.

» C'était mieux que cela : elle m'apportait Maria elle-même.

» Au lever du jour, l'adorable femme s'était informée : elle avait appris qu'il faisait calme, que le speronare était encore en vue ; elle avait couru au port louer une barque, et elle était partie pour me dire encore une fois adieu.

» Je ne sais pas si dans toute ma vie j'ai eu une joie aussi vive que celle que j'éprouvai lorsque je la sentis palpitante sur mon cœur.

» Elle riait, pleurait, criait de joie. O nature ! que tu es belle dans tes floraisons, soit que la femme aime, soit que la fleur s'ouvre !

» Les matelots battaient des mains. Ils n'avaient pas oublié ce jour de chant et de danse que Maria leur avait donné.

» — Oui, leur disait-elle, toute reconnaissante, oui, soyez tranquilles ; **nous allons chanter, vous allez danser.**

» Puis, se retournant vers moi, avec cette double passion tendre et furieuse à la fois de la gazelle et de la lionne :

» — Et nous, nous allons nous aimer, n'est-ce pas ?

» Pour que la fête fût universelle, Maria avait chargé sa barque de viandes froides et de vin. Les viandes froides et le vin furent distribués aux deux équipages de la barque et du speronare.

» Un festin commença.

» Notre festin, à nous, c'étaient les regards pleins d'amour et de larmes, les demi-mots entrecoupés par les baisers, les soupirs joyeux, les sourires tristes.

» La journée se passa en chants et en danses.

» La nuit vint. On avait amarré la barque au speronare. Les deux matelots palermitains s'étaient joints aux nôtres.

» Le calme continuait.

» Belle nuit, douce nuit, nuit trop courte, nuit dont

la date est restée écrite au plus profond de mon cœur en lettres de feu !

» Le jour parut. Hélas ! avec le jour, la brise se leva.

» Il fallait se quitter : Maria jouait le soir.

» Elle voulait tout braver pour rester encore une heure de plus. C'était impossible.

» Comme le condamné, elle demanda une demi-heure, un quart d'heure, cinq minutes.

» Il fallut la prendre et l'emporter dans sa barque.

» Oh ! que la beauté dramatique et théâtrale est loin de la réalité !

» J'avais vu Maria dans *Norma*, dans *Othello*, dans *Don Juan*; je l'avais applaudie de toutes les forces de mes mains.

» Mais qu'elle était bien autrement belle dans son vrai, dans son réel désespoir ! Chez moi, l'admiration le disputait à l'amour, et, à mesure qu'elle s'éloignait de moi, les bras tendus vers moi, et que je m'éloignais d'elle les bras tendus vers elle, je lui criais :

» — Je t'aime, tu es belle ! Tu es belle ! je t'aime !

» La brise fraîchissait. Nous nous éloignions rapidement.

» De leur côté, les matelots de la barque faisaient force de rames. Ils craignaient qu'un trop grand vent ne les empêchât de rentrer au port.

» Elle, sans songer au danger, debout à l'arrière, secouait son mouchoir, et chaque mouvement de ce nuage blanc, qui allait s'effaçant de minute en minute, venait me dire : « Je t'aime! »

» Enfin, la distance effaça tout; la barque disparut.

» Je restai l'œil fixé sur le port, bien longtemps, certes, après que Maria y fut rentrée.

» Je ne l'ai jamais revue.

» Je ne l'ai jamais revue, et il y a vingt ans de cela, et pas le plus petit nuage ne tache la splendeur de ce mois et demi passé à Palerme.

» Pendant un mois et demi, deux êtres n'ont eu qu'un cœur, qu'une existence, qu'une haleine.

» Oh! pendant ce mois et demi, Dieu, j'en suis sûr, a regardé plus d'une fois du côté de Palerme. »

. . . .

Je me retournai vers mes deux compagnes de voyage.

Elles me regardaient, souriant et respirant à peine.

— Voilà mon histoire, leur dis-je. Ne m'en demandez pas une seconde pareille. On n'en a qu'une comme celle-là dans sa vie.

X

Le bateau à vapeur partait à dix heures. Le récit de mon histoire m'avait conduit jusqu'à sept. Ces dames n'avaient que le temps de se lever, de faire leur toilette et de déjeuner.

Je me retirai discrètement dans ma chambre.

Il est incroyable ce que j'éprouvais de charme inconnu dans ce voyage. C'était la première fois que se présentait pour moi cette étrange situation : de l'intimité sans la possession, et de la familiarité sans l'amour.

La tendresse fraternelle ne saurait donner aucune idée de cela. D'ailleurs, la tendresse fraternelle ne va pas jusqu'à cet abandon des femmes allemandes envers un ami.

Puis ajoutons ceci : elles ont — du moins toutes celles que j'ai connues — un grand avantage sur nos femmes : elles sont toujours prêtes à l'heure, sans que leur toilette paraisse souffrir de cette promptitude.

Un quart d'heure après que je les avais quittées, mes compagnes de voyage me rappelaient. C'était moi qui n'étais pas prêt. Il est vrai que j'avais passé dix bonnes minutes à rêver.

Elles avaient commandé le premier déjeuner. Nous devions faire le second à bord du bateau.

Je ne sais si je me suis extasié quelque part sur la façon dont on mange en Allemagne ; je ne parle pas de la qualité, je parle de la quantité.

C'est au point que je me suis demandé quelquefois si l'on n'avait pas fait aux Allemands une fausse réputation de rêverie ; si, lorsque l'on croit qu'elles rêvent, elles ne sont pas tout simplement occupées à digérer.

Récapitulons.

Le matin, à sept heures, en ouvrant les yeux, on fait le petit déjeuner, c'est-à-dire que l'on mange la moindre chose : deux œufs, une tasse de café, un peu de brioche, juste ce qu'il faut pour dire que l'on ne s'expose pas l'estomac vide à la dernière haleine de la nuit.

A onze heures, on fait un second déjeuner, qui se compose de biftecks, de côtelettes, de pommes de terre ou autres légumes. Ce qui le distingue de l'autre, c'est que l'on y boit du vin, tandis que généralement, dans le premier, on ne boit que de l'eau.

A une heure, on fait le petit dîner. Celui-là se compose de jambon, de viandes froides et de quelques apéritifs. C'est un moyen ingénieux de se creuser l'estomac pour le grand dîner.

A trois heures a lieu le grand dîner. C'est ordinairement à ce repas que l'on mange la soupe aux boulettes, le bœuf au raifort, le lièvre aux confitures, le sanglier aux cerises, l'omelette au sucre, au safran et à la vanille, et les crèmes de toute espèce.

A cinq heures, on goûte avec la moindre chose, moins pour manger, il faut l'avouer, que pour dire que l'on ne perd point la tradition d'un bon repas.

Enfin, en sortant du théâtre, on soupe solidement, vu le peu de confort du goûter, et l'on se couche par là-dessus.

Dans ces divers repas ne sont point compris le thé, les gâteaux et les sandwiches que l'on prend dans les intervalles.

Depuis mes derniers voyages en Allemagne, je dois dire que, dans les hôtels du Rhin, les lits avaient complétement changés d'aspect.

J'eus la fatuité d'attribuer ce changement à mes réclamations.

Le pain aussi avait subi des améliorations. Le gâteau au riz et le *pumpernickel* avaient à peu près disparu pour faire place à cette espèce de brioche vernie à l'œuf que l'on appelle *pain de Vienne*. C'était déjà un progrès.

Nous eûmes donc à notre déjeuner des œufs, du café à la crème, — lisez de la chicorée au lait, — du beurre irréprochable, et de ce beau linge blanc qui devait plus tard, dans mon voyage de Russie, m'apparaître si souvent en songe, et si rarement en réalité.

De l'hôtel où nous étions, nous entendîmes la cloche du bateau à vapeur — ancré à cinq cents pas de nous à peu près, sur la rive gauche du Rhin — faire son premier appel au moment où nous achevions notre déjeuner.

Nous avions encore une demi-heure devant nous ; mais mes compagnes de voyage voulurent partir pour avoir *de bonnes places*.

Comment les Allemandes, qui aiment tant à être si

bien assises, se sont-elles décidées pendant tant de siècles à être si mal couchées ?

Et cependant, il faut dire que, malgré la façon inouïe dont trente millions d'Allemands et d'Allemandes sont couchés, l'Allemagne est le pays le plus pacifique qui soit au monde.

En nous rendant au bateau à vapeur, nous eûmes un exemple vivant de cette multiplication recommandée par l'Évangile : nous suivions une allée qui côtoie le Rhin, et, dans cette allée, nous ne tardâmes pas à rejoindre une jeune femme de vingt-quatre ans. Elle donnait la main à une grande fille de six ou sept ans. Un gros garçon de cinq à six ans, aux joues rondes comme des pommes d'api, jouait derrière elle au ballon. Il était suivi par deux petites sœurs de quatre à cinq ans qui se tenaient par la main ; une grosse nourrice, paysanne de la forêt-Noire, venait ensuite, tenant dans ses bras un enfant de deux ans, et traînant une petite voiture dans laquelle suçait son pouce un marmot de huit à dix mois.

Une poupée, qui paraissait appartenir en communauté à la famille, était couchée près de lui.

Toute cette famille, composée de huit personnes, pouvait représenter un total de quarante-six à quarante-huit ans.

Nous nous embarquâmes. Ces dames choisirent leurs places. La chose leur fut facile, et, une demi-heure après, le bâtiment se remit en chemin.

Un petit château, qui appartient au roi de Prusse actuel, me rappelle un assez étrange souvenir.

Je faisais pour la première fois le voyage du Rhin; c'était en 1838.

Prévenu que ce petit château appartenait au prince royal de Prusse, — le roi de Prusse actuel n'était que prince royal à cette époque — et que, de ce château, le prince royal avait fait un musée de tableaux, d'armes et de meubles du seizième siècle, je m'arrêtai en face de ce château, me fis déposer à terre, et demandai à le voir.

Réponse me fut faite que, depuis trois jours, l'intendant du prince royal était arrivé avec ordre de fermer momentanément la porte aux curieux; cependant, ces curieux étaient priés d'inscrire leurs noms sur un registre déposé chez le concierge, quelques exceptions devant être faites si la qualité des personnages paraissait mériter ces exceptions.

Quoique ma qualité me parût fort mince vis-à-vis d'un intendant du prince royal, comme j'étais condamné à rester jusqu'au lendemain dans une petite auberge isolée, j'inscrivis, à tout hasard, mon nom et l'indication de l'auberge qui devait me servir de domicile pour vingt-quatre heures.

Puis je m'en allai, à vingt pas de là, faire, avec des pierres, des ricochets dans le Rhin, ce qui était, comme on le sait, la grande distraction de Scipion en exil. Ai-je besoin de dire que ce n'était pas dans le Rhin, mais dans la mer Tyrrhénienne que Scipion faisait ses ricochets?

J'en étais à ma troisième pierre et à mon quinzième ou dix-huitième ricochet, lorsque le concierge arriva à moi tout essoufflé, et, me prenant pour quelque prince voyageant incognito, me dit, en saluant jusqu'à terre, que la consigne était levée à mon endroit, et que je pouvais visiter tout à mon aise le château.

Il ajoutait que l'intendant m'attendait pour m'en faire les honneurs.

N'étant pas impérieusement retenu par le plaisir auquel je me livrais, et surtout ne voulant pas faire attendre l'intendant de Son Altesse royale, je revins au château.

L'intendant m'attendait à la porte de la salle d'armes.

C'était un homme de trente-six à trente-huit ans à peu près, au teint coloré, aux cheveux blonds, aux yeux bleus. Il me reçut de la façon la plus gracieuse, s'excusant de ce que le concierge, esclave de sa consigne et illettré comme un véritable Suisse qu'il était, n'avait pas compris qu'une pareille consigne ne pouvait pas s'appliquer à moi.

De mon côté, je me confondis en remercîments; l'intendant parlait français comme un Tourangeau : évidemment, c'était un homme lettré. Il était de figure agréable, de tournure distinguée. Je lui tendis la main en signe de remercîment, et nous nous secouâmes les poignets comme de vieux camarades.

Je voyageais déjà depuis quelque temps en Allemagne, et les Allemands m'avaient habitué à ces façons cordiales et franches.

Mon laisser aller parut, au reste, le mettre parfaitement à son aise. Il me dit qu'il entendait devenir mon cicerone et me faire les honneurs du château.

Les manières de l'intendant me plaisaient fort; seulement, elles me paraissaient bien distinguées pour être celles d'un intendant.

Nous parcourûmes le château chambre par chambre ; nous l'examinâmes dans tous ses détails ; nous passâmes d'un tour à l'autre par le pont suspendu que l'on aperçoit du bateau à vapeur, et qui semble la toile d'une gigantesque araignée ; puis nous nous arrêtâmes dans la bibliothèque, renfermant les plus belles éditions qui aient été faites de Gœthe, de Schiller et de Shakspeare.

Pendant ce temps, l'heure du petit dîner était arrivée ; on vint annoncer à M. l'intendant qu'il était servi.

— Je ne sais si vous êtes déjà habitué à nos heures de repas, me dit-il ; mais j'ai pensé que vous me feriez l'honneur de déjeuner avec moi, et j'ai fait mettre votre couvert.

Il n'y avait pas moyen de refuser une offre faite de si bonne grâce. J'acceptai.

Tout en descendant dans la salle à manger :

— J'ai pensé, me dit mon hôte, que, depuis que vous êtes en Allemagne, vous avez suffisamment souffert de la cuisine allemande, et, pour que vous ne gardiez pas un trop mauvais souvenir de notre pauvre château, je vous ai commandé un déjeuner à la française.

J'avoue que cette attention toute délicate ne fut pas celle à laquelle je fus le moins sensible. L'idée de manger du vrai pain au lieu de manger de la brioche ou du pumpernickel, me souriait énormément.

Aussi jetai-je un cri de joie lorsque j'aperçus ce que les boulangers appellent une couronne.

Ceux qui connaissent mes opinions savent que ce

n'était point la forme qui me réjouissait : c'était le fond.

Le déjeuner était excellent, et bien certainement préparé par une compatriote. Je m'enquis de la nationalité de l'artiste : c'était bien un Français. La cuisine française, me dit l'intendant, était celle que préférait Son Altesse ; et le cuisinier était à demeure au château, quoiqu'il ne fût occupé que pendant les haltes estivales que le prince venait y faire.

Le déjeuner fini, l'intendant déclara que, puisque j'étais entré dans la *souricière*, je n'avais le droit d'en sortir qu'avec son consentement. En conséquence, il me donnait le choix d'une partie de trictrac, d'une partie de billard ou d'une promenade à cheval.

Je n'ai jamais rien compris au trictrac. Depuis que j'ai, comme on peut le voir dans mes *Mémoires*, gagné à mon ami Cartier les huit cents petits verres et les quatre-vingts demi-tasses avec lesquels je fis à Paris le voyage qui décida de mon avenir, je n'ai pas, je crois, touché trois fois une queue de billard. Je donnai donc la préférence à une promenade à cheval.

Sur un signe de l'intendant, deux chevaux furent amenés tout sellés au perron du château. Il enfourcha l'un, j'enfourchai l'autre, et nous nous acheminâmes, au travers d'une vallée pittoresque, jusqu'aux ruines d'un vieux château.

Chemin faisant, il me raconta l'histoire de celui que nous venions de quitter.

Il était la propriété de la ville de Coblence, qui la mit en vente pendant plusieurs années pour une somme de trois cents francs, je crois, sans trouver amateur. Ce que voyant la bonne ville, elle en fit cadeau au prince royal de Prusse, qui avait reconnu le cadeau en y dépensant un million.

Au bout de trois heures de promenade dans la montagne, nous revînmes au château ; le grand dîner nous attendait.

Ayant accepté le petit dîner, je ne voyais aucune raison de ne pas accepter le grand ; seulement, en voyant la magnificence avec laquelle il était servi, je fis forces reproches à l'intendant sur les dépenses dans lesquelles il induisait le prince royal.

Ce à quoi il me répondit que le prince royal, en le choisissant, avait bien su à quoi il s'exposait.

Mon reproche devenait de plus en plus fondé au fur et à mesure que le dîner passait d'un service à l'autre. Après les vins de Bordeaux étaient venus les vins de Rhin, apès les vins du Rhin les vins de Champagne, et après les vins de Champagne les vins de Hongrie. C'était vraiment péché que toute cette magnificence s'adresant à un aussi pauvre buveur que moi.

La café nous attendait sur la terrasse du château.

Rien de plus merveilleux que l'horizon que l'on découvre de cette terrasse : montagnes, vallées, fleuves, ruines, villages, tout se réunit pour en faire un point de vue unique. Nulle part, peut-être, le Rhin n'est plus animé que là ; fleuve et grandes routes sont couverts : le fleuve, de bateaux de pêche, de bateaux à vapeur, de ces grands trains de bois sur lesquels descend toute une population ; grandes routes, de cavaliers, de piétons, de cochers, de charrettes, de coupés, de calèches. C'est qu'on est à quatre ou cinq milles à peine de Coblence, et que Coblence est une des villes les plus bruyantes et les plus mouvementées des bords du Rhin.

Je passai là deux ou trois bonnes heures des plus pittoresques de ma vie.

Mon hôte connaissait toutes les légendes du Rhin, depuis celle de la Loreley jusqu'à celle de l'autographe de Janin à M. de Metternich ; il savait par cœur toutes les ballades d'Uhland, depuis *la Fille de l'hôtesse* jusqu'au *Ménestrel*. Nous discutâmes avec acharnement sur Gœthe et Schiller; comme tous les Allemands, peu dramatiques mais fort rêveurs, il préférait Gœthe à Schiller; moi, tout au contraire, peu rêveur et très-dramatique, je préférais l'auteur des *Brigands* à l'auteur du *Comte d'Egmont*. Il y avait plus, et cela paraissait une pensée damnable à mon hôte: *Faust*, l'incarnation du génie allemand, me paraissant inférieur à *Gœtz de Berlichingen*, j'eus l'audace de refaire *Faust* d'un bout à l'autre, comme je le comprenais; mon hôte fut sur le point de se voiler le visage, ni plus ni moins que le roi des rois dans la belle scène d'Euridipe entre Ménélas et Agamemnon, scène que Racine s'est bien gardé d'imiter, de peur que l'on ne reconnût M. de Montespan dans Ménélas.

En somme, malgré mes contradictions, mon hôte, qui, comme je l'ai dit, était non-seulement fort lettré, mais qui encore usait dans la discussion de toutes les finesses de la langue française, paraissait fort s'amuser de la conversation qui, de mon côté, m'intéressait énormément. Enfin, la nuit étant venue, la soirée s'avançant, je me levai pour prendre congé de lui; mais alors il me déclara que, ne voulant pas m'exposer à coucher dans un de ces lits dont je lui avais fait la description, il avait envoyé chercher ma malle à l'hôtel, en prévenant que je n'y coucherais pas, attendu qu'on m'avait préparé une chambre au château.

Arrivé au point d'indiscrétion où j'en étais, le mieux était de me laisser faire jusqu'au bout. J'acceptai donc la chambre, comme j'avais accepté le grand et le petit dîner, mais à la condition que, sous aucun prétexte, le bateau du lendemain ne s'en irait sans moi.

L'engagement fut formellement pris par mon hôte.

L'heure du souper était arrivée. Le thé, les gâteaux, les sandwiches, les brioches, les massepains nous attendaient; il fallut en passer par les massepains, par les brioches, par les sandwiches, les gâteaux et le thé.

Je dois dire que, depuis que j'étais en Allemagne, j'étais fait à ces sortes de violences, et que j'en sortais assez à mon honneur pour un homme qui, à Paris, ne fait que deux repas par jour, et même parfois qu'un seul.

Il est vrai que mon hôte m'encourageait singulièrement.

Enfin, la pendule marqua minuit. Il était en bonne conscience l'heure de se retirer. Je me levai. Mon hôte sonna, et un valet de chambre me conduisit à mon appartement.

J'avais tout simplement la chambre d'honneur, celle des portraits de famille ; j'étais gardé par tout un régiment de margraves, de ducs et de rois, depuis le fondateur de l'ordre Teutonique jusqu'à Frédéric-Guillaume. Enfin, j'étais couché dans un lit de bois sculpté où six voyageurs de ma taille eussent pu s'étendre, et dont un aigle de chêne tenait dans ses serres les rideaux de brocart.

Je pensai à mon bien cher Victor Hugo, et je dis à tous ces chevaliers, à tous ces ducs, à tous ces margraves et à tous ces rois, la belle scène des portraits d'*Hernani*.

Après quoi, je me décidai à franchir les trois degrés de l'estrade sur laquelle était posé mon lit, à enjamber par-dessus la planche sculptée qui lui donnait l'aspect d'un immense coffre, et à me hasarder dans son intérieur.

Ce devait être le lit de Frédéric Barberousse ou de l'empereur Henri IV.

J'y dormis comme s'il eût été le mien. Il est vrai que je n'étais pas excommunié comme mes deux devanciers, et surtout que je n'avais pas été empereur, position sociale qui, lorsqu'on l'a perdue surtout, ne laisse pas que de troubler le sommeil.

Je me réveillai gravement à huit heures du matin.

Je fus dix minutes à m'orienter et à deviner où j'étais ; enfin je rappelai mes souvenirs. J'entendis sonner une horloge du seizième siècle, et, pensant qu'une horloge qui marchait depuis un si long temps devait naturellement être en retard, je sautai à bas du lit.

Au premier bruit qu'il entendit dans ma chambre, le valet qui était affecté à mon service entra.

Le petit déjeuner m'attendait, et mon hôte était levé depuis six heures du matin.

Je passai littéralement du lit à table.

A neuf heures et demie, je pensai qu'il était temps de me préparer. Je me levai, je pris les deux mains de mon hôte et les secouai cordialement.

Il me rendit ma politesse dans la même monnaie.

Puis je lui demandai la permission de monter sur la terrasse pour saluer une dernière fois encore le paysage et voir venir le bateau à vapeur.

Le bateau à vapeur fut d'une politesse royale ; à l'heure juste, il apparut. A dix heures dix minutes, sur un signe qu'on lui faisait de la terrasse, il stoppait.

Nous descendîmes, car mon hôte voulait me conduire jusqu'à l'embarcadère ; là, je me retournai, et, lui tendant les mains :

— Mon cher hôte, lui dis-je, je ne puis, en remerciment de toutes vos gracieusetés, vous offrir qu'une chose : c'est, si vous venez jamais à Paris, de vous y rendre tant bien que mal l'hospitalité donnée par vous sur les bords du Rhin.

— C'est comme vous, me répondit mon hôte éludant la question. Si jamais vous venez à Berlin, je réclame le plaisir de vous en faire les honneurs.

— Quant à cela, je vous le promets ; mais où vous trouver ?

— Au palais du roi, naturellement.

— Qui demanderai-je ?

— Ah! ah! qui vous demanderez ?

— Oui.

— Vous demanderez le prince royal.

XI

Nous eûmes bientôt perdu de vue le château de Holzenfels, — je me rappelle maintenant que c'est ainsi que se nomme le château dont Son Altesse royale me faisait les honneurs; — puis, un peu plus loin, nous laissâmes la ville d'Orberlahnstein, toute hérissée de tours, puis la ville de Rheinsel, où était autrefois le fameux *Kœnigstuhl*.

Si vous n'êtes pas familiers avec la langue allemande, vous allez me demander, chers lecteurs, ce que c'est que ce fameux Kœnigstuhl. Je décomposerai donc le mot pour vous faire plaisir et vous dirai que *kœnigs* veut dire *du roi*, et *stuhl*, *siége*; autrement dit : siége du roi.

J'offre de parier que, malgré l'explication, vous n'en êtes guère plus avancés.

Écoutez donc et instruisez-vous.

C'était là, au milieu de la rivière, à la place où l'on voit aujourd'hui quatre pierres de moyenne dimension, que se réunissaient les électeurs du Rhin pour délibérer sur les intérêts de l'Allemagne : et ils se réunissaient là parce que les quatre territoires des quatre électeurs s'y touchaient comme les rayons d'une étoile : du haut des siéges, on voyait en même temps quatre petites villes, Lahnstein, sur le territoire de Mayence ; Capellen, sur celui de Trèves ; Rheinsel, sur celui de Cologne ; et enfin, Braubach, fief palatin.

C'est dans la petite chapelle en face qu'en 1400, les électeurs, après avoir terminé leur délibération sur le Kœnigstuhl, déclarèrent l'empereur Venceslas déchu du trône.

Le Kœnigstuhl subsista jusqu'en 1802. En 1802, les Français le démolirent.

Ce qu'il y a de souverainement triste dans les conquêtes et les révolutions, ce n'est point le sort des rois qu'elles renversent, puisque, un peu plus tôt ou un peu plus tard, ces rois doivent mourir : c'est celui des monuments qu'elles détruisent ; quand ils ne savent plus à quoi s'en prendre, le peuple et les soldats s'en prennent aux pierres, et, que ces pierres aient été taillées par M. Fontaine ou sculptées par Phidias, peu leur importe, ils renversent; et, quand ils ont passé dessus, ils croient avoir conquis une liberté nouvelle ou remporté une nouvelle victoire.

Puis vient Saint-Goar, charmant petit port dominé par les ruines d'un château dont nous avons fait sauter un pan de mur en 1794. Cette fois, la conquête a été faite — chose dont les ingénieurs étaient loin de se douter — au profit d'un aubergiste ; il est entré par la brèche et y a bâti une auberge.

Ma compagne de voyage prétendit que c'était cette auberge qui avait été désignée par Uhland dans sa belle ballade de *la Fille de l'hôtesse*.

Au reste, nous étions arrivés dans le véritable royaume de la ballade : après la Fille de l'hôtesse, venait la fée Lore, plus connue sous le nom de la Loreley ou la Lore du Rocher.

Et disons que la sirène du moyen âge avait choisi la partie la plus pittoresque du Rhin pour en faire sa demeure. Le sommet du rocher sur lequel elle se tenait d'habitude, sa harpe à la main, et attirant les pêcheurs par la séduisante douceur de sa voix, surplombe le Rhin de plus de quatre cents pieds. L'abîme où s'engloutissaient les imprudents aboie encore comme Scylla, tourbillonne encore comme Charybde au pied de ce rocher. Le Rhin, resserré dans un espace de deux cents pas, roule furieusement sur une déclivité de cinq pieds sur quatre cents mètres, et l'écho répète indéfiniment le bruit qu'on lui livre : son de cor ou fracas de canon.

Aussi est-ce l'habitude, au moment du passage des bateaux à vapeur, de faire feu d'une petite pièce pour donner aux voyageurs le plus rare de tous les plaisirs, celui de l'étonnement.

C'était la troisième ou quatrième fois que je faisais le voyage du Rhin ; c'était la première fois que le faisaient mes belles compagnes. J'avais écrit tout un livre sur les légendes qui côtoient les deux rives du vieux fleuve allemand ; j'étais donc devenu un précieux cicerone.

Après le plaisir de visiter une localité pittoresque pour la première fois, vient le plaisir, plus grand encore, de la revoir une seconde avec des gens que l'on aime et à qui l'on fait voir ce que l'on a vu comme on l'a vu. J'avais, à chacun de mes bras, une charmante créature, la tête renversée en arrière, l'œil souriant, écoutant ce que je racontais ; le temps était beau ; le ciel, diapré de quelques nuages, faisait tomber sur cette gigantesque nature de grandes parties de lumière et d'ombre. La poésie était devant moi, autour de moi, en moi ; j'avais à la fois, pour le plaisir des sens, à l'horizon de vieux châteaux, à mes côtés de jeunes femmes ; l'air était doux, et je le respirais, imprégné de bienveillance et de tendresse. S'il était permis à l'homme de dire : « Je suis heureux ! » je dirais : j'étais heureux.

La journée passa comme une heure ; puis vint le soir avec tous ses enchantements, avec ces rouges reflets dans les eaux du Rhin, ces tons de ciel, ces verts jaunâtres qu'aucune palette ne peut rendre, ces douces langueurs qu'amène la pensée que l'on va bientôt se quitter, si sympathique que l'on soit les uns aux autres, pour ne se revoir jamais peut-être ; tous ces sentiments enfin que fait naître cette heure de la soirée qui depuis longtemps n'est plus le jour et qui n'est pas encore la nuit, et qui tremblent confusément au fond du cœur en voyant monter à l'horizon ce bluet de flamme qui s'appelle Vénus le soir et Lucifer le matin.

Enfin, une masse noire trouée de points de feu parut à l'horizon ; c'était Mayence.

Là, une partie de nous se détachait de nous. Notre belle Viennoise, qui s'était déjà écartée de sa route, amantée qu'elle était, d'un côté par Lilla, de l'autre par moi, devait nous dire adieu. Nous prenions, nous, le chemin de fer de Mannheim, but de notre course.

Nous arrivâmes à Mayence vers dix heures du soir; dix minutes après, nous étions assis à une table prenant du thé, boisson devenue, grâce aux Anglais, à peu près universelle. Ces dames, comme à Coblence, avaient demandé une chambre à deux lits, et, moi, j'avais choisi une chambre voisine de la leur.

Il faut que la vitalité française soit bien puissante, même transportée à l'étranger. En France seulement, on cause; ailleurs, on discute, on pérore, on déclame, on rêve, on s'ennuie. Eh bien, là où est un Français, avec lui il transporte, si l'on peut se servir de cette expression, l'électricité de la conversation. Mettez un Italien à ma place, il aurait chanté; un Anglais, il aurait bu; un Allemand, il aurait dormi; un Russe, il aurait joué : nous causâmes, nous, jusqu'à deux heures du matin. De quoi? Oh! ma foi, demandez au vent de quel côté il soufflait ce soir-là, et le vent ne saura pas plus de quel côté il soufflait que je ne sais, moi, ce que nous dîmes; seulement, la pendule tinta deux fois. Nous crûmes que, comme celle du *Chapeau de l'horloger* de ma pauvre amie Delphine de Girardin, elle sonnait des heures folles. Nous consultâmes nos montres ; chose à laquelle n'avait pas pu arriver Charles-Quint, elles s'accordaient toutes trois et donnaient raison à la pendule.

Il fallut se quitter. C'était la première fois que la nuit nous semblait une absence ; c'est qu'en effet, le lendemain avait lieu une première séparation, laquelle n'était que le prélude de la seconde.

Cette fois, Lilla ne pouvait guère me réveiller pour voir se lever le soleil : le soleil était tout près de se lever au moment où nous nous couchions.

Pour passer encore quelques instants ensemble, il avait été décidé que nous ne partirions que par le convoi de onze heures du matin ; or, à huit heures, tout le monde était sur pied.

Plus nous approchions de l'heure de la séparation, moins la causerie était animée ; les doux sourires, les regards tristes l'avaient remplacée. Les anciens, qui ne connaissaient pas la mélancolie, ne connaissaient donc pas l'absence ?

Notre amie vint nous conduire jusqu'à l'embarcadère. Là, on dut bien certainement croire qu'elle se séparait d'un père et d'une sœur, car elle fondit littéralement en larmes.

Si les modernes avaient à représenter la Nécessité, au lieu de la placer, comme les anciens, à l'angle d'une place avec des coins de fer dans les mains, ils la mettraient dans une gare de chemin de fer, avec une pendule au cou.

Il fallut monter en wagon. Notre amie monta avec nous pour profiter du dernier sursis accordé aux voyageurs; mais, au bruit de la sonnette, il fallut descendre, et elle sauta à terre au moment où s'ébranlait le train.

Nous nous essuyâmes les yeux, nous nous regardâmes, et je dis à Lilla:

— La charmante femme! Comment s'appelle-t-elle?

— Je n'en sais rien, répondit celle-ci.

Je l'avais prise pour son amie intime; ce n'était pas même une connaissance.

Qu'était-ce donc?

Eh! mon Dieu, c'était tout simplement ce qu'il y a de plus puissant au monde: une sympathie.

XII

Nous étions retombés dans le tête-à-tête ; mais, hâtons-nous de le dire, depuis le moment du départ, notre tête-à-tête avait fait un pas immense. De mon côté, il était passé du désir amoureux à la plus tendre, mais à la plus pieuse amitié ; du côté de ma compagne, de la crainte pudibonde au plus confiant abandon. Il s'était créé quelque chose entre nous qui avait pris sa place entre l'amour de deux amants et l'amour d'un frère et d'une sœur ; sentiment plein de charme, et encore inclassé dans la gamme de la tendresse humaine.

Et j'avouerai une chose, c'est que j'étais enchanté

d'avoir fait connaissance avec ce nouveau sentiment.

Il reposait sur un fond calme et doux comme un de ces gazons des maîtres italiens recouverts de tapis et de coussins soyeux, éclairé par un ciel d'azur, dont rien ne pouvait ternir la pureté. Pas d'orage possible, puisqu'il n'y avait pas de passion ; liberté d'esprit entière, complet exercice des sens ; en somme, fraîcheur et calme, grande facilité de vivre, intuition de la félicité d'un monde supérieur.

Lilla, comme toutes ses compatriotes distinguées, était d'un esprit très-droit ; elle avait reçu une éducation qui côtoyait la science ; avec elle, on pouvait parler de toute chose, et elle comprenait encore, lors même qu'elle ne pouvait pas discuter.

Quelqu'un qui l'eût vue appuyée à mon épaule, regardant avec son doux sourire les lièvres gambader dans la plaine, nous eût pris, j'allais dire pour deux amants si je ne me rappelais pas que j'ai le double de son âge ; nous étions mieux que cela, nous étions deux tendres amis, près de nous séparer, mais certains de garder la mémoire l'un de l'autre.

Nous arrivâmes vers le soir à Mannheim : c'était la troisième fois que je repassais par cette mélancolique petite ville d'Allemagne, que Gœthe a choisie pour le théâtre des amours de Charlotte et de Werther. La scène, il faut l'avouer, est admirablement choisie pour le drame : château massif, parc solitaire, arbres gigantesques, rues tirées au cordeau, fontaines mythologiques, tout est en harmonie avec la terrible élégie du poëte allemand.

La dernière fois que j'y étais venu, j'y étais venu préoccupé par une recherche : celle des documents relatifs à l'assassinat de Kotzebue par Sand ; je m'étais fait montrer la maison de l'auteur de *Misanthropie et Repentir* ; je m'étais fait montrer la prison de Sand. J'avais rencontré sur les lieux mêmes où Sand a été exécuté, et qui s'appelle, depuis ce jour, la prairie de l'Ascension de Sand au ciel *(Sands Himmelfahrtswisee)*, le directeur de la maison de force où il avait été enfermé. Enfin j'avais été faire une visite au docteur Wideman, qui n'était autre que le fils du bourreau de Mannhein, bourreau lui-même aujourd'hui, en vertu de la loi de succession encore en vigueur en Allemagne.

Au reste, en Allemagne, les bourreaux ne sont point traités en parias et exclus de la société ; cela tient, sans doute, à ce que l'exécution, se faisant au glaive, conserve quelque chose de guerrier. Le bourreau allemand est même classé : c'est le dernier des nobles et le premier des bourgeois. Dans les fêtes publiques, il marche entre la noblesse la bourgeoisie.

J'ai raconté quelque part, je ne me rappelle plus où, la cause de cette faveur. Un soir de bal masqué, le bourreau s'introduisit, sous un magnifique costume, dans le palais impérial, et, dans un quadrille, toucha la main de l'impératrice.

Reconnu pour ce qu'il était, l'empereur voulait que, pour expier le crime de lèse-majesté, le tranche-tête eût à son tour la tête tranchée. Mais lui alors, conservant toute sa présence d'esprit :

— Majesté sacrée, dit-il, quand tu me feras trancher la tête, tu n'empêcheras point que la main de l'impératrice n'ait touché celle du bourreau, c'est-à-dire de l'être que le mépris public place au dernier degré de l'échelle sociale. Fais-moi noble, et la souillure n'existe plus.

L'empereur songea un instant et lui dit enfin :

— C'est bien; à partir d'aujourd'hui, tu seras le dernier des nobles et le premier des bourgeois.

Depuis ce temps, le bourreau, en Allemagne, est classé à l'étage indiqué par l'empereur lui-même.

Mais il y avait un autre souvenir qui se rattachait pour moi à Mannheim : c'est que ce voyage, ces recherches, cette exploration, je les avais faits en compagnie du pauvre Gérard de Nerval.

C'était n 1838. A cette époque, il n'avait encore donné aucun signe d'aliénation mentale; cependant, pour ses amis, il était évident que la cloison cérébrale qui séparait chez lui l'imagination de la folie était tellement faible, que parfois l'imagination faisait, à son insu, des excursions sur les terres de sa voisine.

Moi qui étais loin de me douter de cette tendance, et dont l'esprit logique aime les choses bien assises, j'avais avec lui des discussions sans fin, lesquelles se terminaient toujours par ces mots, qui étaient mieux qu'une prédiction, qui étaient une réalité : « Mon cher Gérard, vous êtes fou ! »

Et lui, riait de son doux sourire et disait :

— Vous ne voyez pas ce que je vois, cher ami.

Et je m'entêtais, voulant qu'il me fît voir ce qu'il voyait.

Et alors il se jetait dans des déductions tellement subtiles, tellement ténues, que ces raisonnements me faisaient l'effet de ces flocons de vapeur que le vent disperse en tous sens, et qui, après avoir eu les apparences d'une montagne, d'une plaine, d'un lac, finissent par s'évanouir et se perdre comme des fumées.

Deux ans après, le pauvre garçon était tout à fait fou, mais d'une folie douce, poétique, rêveuse, très-peu en avant de son état ordinaire ; cette cloison dont j'ai parlé s'était rompue, voilà tout.

Un jour, un ami commun entra chez moi.

— Qu'avez-vous ? lui demandai-je avant même qu'il eût ouvert la bouche.

— Un grand malheur est arrivé ce matin!
— Lequel ?
— Notre pauvre Gérard a été trouvé pendu
— Où cela ?
— Rue de la Vieille-Lanterne.
— Suicide ou assassinat ?
— Je ne sais ; il avait passé la nuit dans une maison borgne de cette infâme rue, et, ce matin, on l'a trouvé pendu aux barreaux d'une fenêtre avec le cordon d'un tablier de cuisine.
— Allons voir les localités.
— Volontiers ; j'ai une voiture à la porte, venez.

Nous allâmes.

Entre la place du Châtelet, je crois, et l'hôtel de ville, s'étendait une rue misérable, infecte, immonde, servant de ruisseau à un égout grillé, dans lequel, en temps de pluie, l'eau se précipitait en bondissant comme une cascade sur les marches d'un escalier visqueux. Cet escalier était surmonté d'une balustrade en fer ; sur cette balustrade, croassait le corbeau d'un serrurier dont la boutique, pleine de feu et de bruit, jetait des étincelles de mâchefer par la porte.

Au-dessus des trois dernières marches de cet escalier s'étendait une fenêtre sombre, cintrée, garnie de barreaux de fer, comme celle d'une prison : c'était au barreau transversal que le pauvre Gérard avait été trouvé pendu.

L'autre bout de la rue était en démolition.

Au centre était la maison, ou plutôt le bouge où Gérard avait passé la nuit.

Un des premiers signes de la folie est l'oubli du soin de soi-même.

Il est presque sans exemple qu'un fou ait conservé des habitudes de propreté. La propreté est plus qu'un instinct, c'est une loi de la civilisation.

Le bouge était fermé; mais, à travers ses fenêtres et ses portes, l'inquiétude intérieure transpirait; on eût dit que ses habitants attendaient une visite de la police.

Cette visite ne se fit pas. Je ne sais pourquoi, car beaucoup des amis de Gérard pensent que cette mort ne fut pas l'effet d'un suicide.

En somme, suicide ou non, le pauvre Gérard s'en était allé dans le pays de ses rêves ; — ce qui n'empêchait point que je n'entrasse à Mannheim, trois ou quatre ans après sa mort, aussi complétement appuyé à son bras que s'il était vivant.

La merveilleuse chose que le souvenir!

En supposant la mutation des âmes, le jour où Dieu permettra que le souvenir ne tombe pas avec le cadavre dans l'abîme de la mort, il aura donné à l'homme l'immortalité.

Il fallut toute la douce mélodie de la voix de ma compagne de voyage pour me rappeler à la réalité.

Mannheim était, on se le rappelle, le but de notre voyage. C'était à Mannheim qu'elle devait trouver la grande artiste dramatique qu'elle y venait chercher. Lilla avait si grande hâte d'être fixée sur son sort, que, quoiqu'il fût huit heures du soir, elle résolut d'aller faire sa visite à l'instant même.

A Mannheim, il n'y a point de places de fiacres. J'offris mon bras, qui fut accepté, et, à travers les rues où le gaz n'a point encore pénétré, nous nous acheminâmes, bien renseignés, vers la demeure de madame Schrœder.

C'était naturellement à l'autre bout de la ville.

Pendant toute la durée du chemin, nous rencontrions des groupes de bourgeois : maris, femmes, enfants, revenant de soirée; à Mannheim, on revient de soirée à neuf heures.

Cela me fit comprendre *la Petite Ville* de Picard, et, bien mieux, celle de Kotzebue, dont Picard s'est inspiré.

Oh! ville honnête, ville calme, ville tranquille, où l'on revient de soirée à neuf heures; où tout le monde est couché à dix, et où les femmes, bonnes mères de famille, qui ne veulent pas perdre leur temps, tricotent au spectacle!

Nous arrivâmes enfin en vue d'une petite maison isolée; à chaque groupe, nous nous étions renseignés, et les renseignements successifs nous avaient conduits là.

Nous frappâmes à la porte avec une certaine honte. Neuf heures sonnaient à la grande église des Jésuites; c'était une heure bien indue. Un seul espoir nous restait : c'est que, comme nous avions affaire à une vieille tragédienne, celle-ci eût conservé ses habitudes de scène, et se couchât à onze heures.

Notre espoir ne nous avait point trompés : madame Schrœder, non-seulement n'était point couchée, mais, comme le nom de ma compagne de voyage lui était connu, elle pouvait nous recevoir.

On nous introduisit dans un petit salon, où la doyenne des tragédiennes allemandes, la femme qui a été applaudie par toutes les mains ducales, royales, impériales des princes et des souverains du Nord, assise près du feu devant une table éclairée par une lampe, était occupée à lire, tout en caressant un gros chat couché sur ses genoux. Elle lisait, ma foi, sans lunettes, malgré ses soixante et dix ans.

Elle se leva en nous entendant entrer et fit deux pas au-devant de nous, avec ce sourire placide et doux du génie qui a accompli sa tâche.

Lilla, très-émue, se jeta dans ses bras; et je crois que la grande artiste aima autant cette façon de procéder que les plus respectueuses formules de la politesse allemande, la plus cérémonieuse de toutes les politesses.

Puis ma compagne me nomma, et un *oh!* des plus expressifs s'échappa des lèvres de madame Schrœder.

— Eh! me dit-elle en mauvais français, je vous connais beaucoup, mon cher monsieur Dumas : d'abord, par un de mes fils, le pasteur, qui vous porte au plus profond de son âme, puis par mon fils l'artiste, qui vous traduit et qui vous joue; enfin, par ma fille la chanteuse, qui vous a vu et vous a connu à Paris, n'est-ce pas?

— C'est bien cela, madame, lui répondis-je, et c'est l'espoir de ne pas vous être tout à fait étranger qui m'a donné la hardiesse de me présenter, avec madame, chez vous à une pareille heure.

— A une pareille heure! reprit-elle. En vérité, vous me traitez un peu trop en habitante de Mannheim. Vous oubliez que je suis une citadine des capitales, et que j'ai passé cinquante ans de ma vie à Vienne, à Berlin, à Munich et à Dresde. Non ; vous le voyez, je lisais.

Et elle nous montra le livre retourné sur sa table.

— Excusez ma curiosité, madame, lui dis-je, mais que lisiez-vous ?

— Une nouvelle tragédie, où j'eusse eu un bien beau rôle, si je jouais encore la tragédie : *le Comte d'Essex*.

— Ah! oui, de Laube, répondis-je.

— Comment! vous la connaissez ? me dit madame Schrœder étonnée.

— Sans doute, je la connais, répondis-je en riant, comme je connais tout ce qui se fait en Russie et en Angleterre.

— Vous savez donc l'allemand ?

— Non, mais j'ai un traducteur.

— Ah! fit madame Schrœder en secouant la tête, notre pauvre théâtre est bien bas! Auteurs et acteurs sont en décadence; tout nous vient de France maintenant. Nos grandes lumières sont éteintes. J'ai vu Iffland, j'ai vu Schiller, j'ai connu Gœthe, il est temps que j'aille les rejoindre. Je trouverai meilleure compagnie là-haut qu'ici-bas; mais pardon, je me laisse aller à mes récriminations de vieille femme. Vous voilà, mes enfants, soyez les bienvenus.

Et elle nous enveloppa, Lilla et moi, du même regard.

Je tendis la main à Lilla, qui serra ma main en souriant.

— C'est à vous de parler, dis-je à ma compagne de voyage; seulement, parlez allemand et ne vous inquiétez pas de moi; je m'occuperai, pendant que vous parlerez, à photographier cette chambre dans ma mémoire.

Lilla s'assit près de madame Schrœder, et, la main dans sa main, lui expliqua le but de sa visite.

La vieille artiste l'écouta avec une douce et bienveillante attention. Puis, quand elle eut fini :

— Voyons, répliqua-t-elle, dites-moi quelque chose en allemand. Que savez-vous des grands maîtres ?

— Tout.

— Commençons par *Intrigue et Amour*.

Lilla mit sa main sur son cœur, — son cœur battait comme jamais il n'avait fait devant la plus auguste assemblée — et elle commença.

Je savais *Kabale und Liebe* par cœur, de sorte que je ne perdais pas un mot de ce que disait l'artiste, et, comme ses légers défaut de prononciation passaient inaperçus pour moi, j'étais ravi de la simplicité et du pathétique de sa diction.

Madame Schrœder écoutait, de son côté, en donnant de fréquentes marques d'encouragement.

Puis, quand Lilla eut fini :

— Voyons maintenant, dit-elle, quelque chose en vers.

Lilla dit un passage de *la Fiancée de Messine*.

— Bon !... bien ! *brava!* disait madame Schrœder tout en écoutant. *La Marguerite au rouet*, et tout sera dit.

Lilla s'assit, renversa sa tête contre la muraille et dit toute la chanson qui commence par ces mots : *Mein Ruhe ist hin* (Mon repos est loin), avec une telle tristesse, avec une si profonde mélancolie, que les larmes m'en vinrent aux yeux et que, cette fois, ce fut moi qui donnai le signal des applaudissements.

Madame Schrœder avait écouté gravement; elle sentait que ses paroles étaient un arrêt.

— Si vous étiez venue ici pour recevoir des compliments, ma chère enfant, lui dit-elle, je me contenterais de vous dire : *C'est très-bien;* mais vous êtes venue pour me demander un conseil, et je vous dis : Il vous faut six mois de travail assidu, consciencieux, acharné, et, au bout de six mois, vous parlerez allemand comme une Saxonne; pouvez-vous consacrer six mois à ce travail?

— J'avais compté sur un an, répondit Lilla.

— Alors vous êtes sûre de votre affaire. Mais avec qui allez-vous travailler?

Avec une grâce charmante, Lilla se mit à genoux devant madame Schrœder.

— J'ai eu un espoir! dit-elle en joignant les mains et la regardant avec une expression de prière infinie.

— Ah! je comprends : c'est que c'est moi qui serais **votre** maître?

Lilla fit un signe de la tête du haut en bas.

Il était impossible d'être plus séduisante qu'elle ne l'était en ce moment, avec ses grands yeux bleus, fixé sur ceux de la grande artiste.

Aussi madame Schrœder prit-elle entre ses deux

mains cette charmante tête, et, rapprochant son front de ses lèvres :

— Allons, dit-elle, c'est convenu, vous serez ma dernière élève.

— Oh! bien reconnaissante, je vous jure! s'écria Lilla en couvrant de baisers le visage de la veille tragédienne.

Nous la quittâmes à minuit. Nous rentrâmes à l'hôtel. Lilla était ivre de bonheur.

Le lendemain, nous nous séparâmes.

Je n'ai pas revu Lilla depuis cette époque.

Mais, au mois de juillet dernier, je reçus cette lettre :

« Mon bon et cher ami,

» Laissez-moi vous faire part de tout mon bonheur : je viens de jouer, en allemand, sur les premiers théâtres d'Allemagne, les principaux chefs-d'œuvre de nos grands maîtres.

» Grâce aux leçons de madame Schrœder, j'ai obtenu un immense succès. Tous mes vœux artistiques sont donc comblés.

» Je vous écris d'Ostende, où je prends les bains de mer. Si je croyais que vous vous souvinssiez encore de votre compagne de voyage, je vous dirais : Venez me voir.

» En tous cas, que je vous revoie ou non, croyez à l'affection toute fraternelle que je vous conserve.

» Mon fils se porte bien et est plus charmant que jamais. Depuis deux ans, il sait votre nom ; dans dix, il saura vos œuvres.

» Ce serait à grand regret que je vous dirais adieu. — Ainsi donc, au revoir !

» L. B***. »

Mon premier mouvement fut de me lever pour courir à la police et y prendre mon passe-port.

Mais, contre mon habitude, je résistai à mon premier mouvement.

Il est vrai que le second, le bon cette fois, avait promptement succédé au premier et me disait tout bas : « Pourquoi faire ? Tu ne l'aimeras pas plus que tu ne l'aimes comme amie ; et tu sais qu'il serait inutile de l'aimer autrement. »

FIN D'UNE AVENTURE D'AMOUR.

HERMINIE

AVANT-PROPOS

Un des plus grands malheurs de la vérité, c'est d'être invraisemblable. C'est pour cela qu'on la cache aux rois avec la flatterie, et aux lecteurs avec le roman, qui n'est pas, comme quelques-uns le croient, une exagération du possible, mais un faible pastiche du réel.

Un jour, quand nous serons fatigué d'être romancier, nous nous ferons peut-être historien, et nous raconterons certaines aventures contemporaines et authentiques qui seront si vraies, que personne n'y voudra croire. En attendant cette époque, et comme notre recueil déjà nombreux ne peut que s'augmenter dans l'avenir, nous en détacherons, en faveur de ceux de nos lecteurs qui ne veulent que des choses arrivées, une simple histoire où nous ne changerons que les noms, bien entendu.

Après notre mort, on trouvera dans nos papiers les noms véritables des principaux personnages.

A. D.

LA RECHERCHE D'UN LOGEMENT

Un matin du mois de septembre 185., un jeune homme suivait une de ces rues désertes du faubourg Saint-Germain qui semblent si bien faites pour le recueillement et le travail, en regardant au-dessus de chaque porte s'il n'y avait pas l'écriteau traditionnel, dont voici généralement le texte et l'orthographe :

PETIT APPARTEMENT DE GARÇON

A LOUER POUR LE TERME.

S'adressé au consierge.

Ces derniers mots, on le sait, sont souvent de la main du portier ; c'est pour cela qu'on y trouve ces irrégularités qui dénotent chez ce digne homme, toujours fier de son éducation, une façon bizarre d'interpréter la langue.

Il est vrai que, si vous entrez, vous vous apercevez qu'il la parle encore plus mal qu'il ne l'écrit; ce n'est qu'une bien faible compensation.

Donc, notre jeune homme continuait ses recherches, quand, à côté d'une vaste porte cochère, il lut, au-dessus d'une petite porte plus humble, l'écriteau hospitalier.

Il entra, chercha aux vitres du portier la clé de la serrure, qu'on ne trouve jamais, et, après une recherche longue et infructueuse, résigné, il attendit que le digne vieillard, — car ce devait en être un, — voulût bien s'apercevoir de sa présence.

Le bonhomme se leva, posa sur une chaise ses formes et son tire-pied, et, après avoir relevé ses lunettes un peu plus au nord de son nez irrévérencieusement long, il ouvrit, et, sans dire un mot, se posa comme un point d'interrogation.

Le jeune homme répondit à cette phrase muette par la question habituelle :

— Vous avez un petit appartement de garçon à louer ?

— Oui, monsieur.

— De quel prix?

— Six cent cinquante.

— Et à quel étage?

— Au quatrième.

— De quoi se compose-t-il?

— Mais, il y a une antichambre, une petite salle à manger, une chambre à coucher, et une chambre dont on pourrait faire un petit salon.

— Peut-on le voir?

— Oui, monsieur.

Le portier sortit, ferma sa porte, mit la clé de la loge dans sa poche, prit celle de l'appartement à sa main, regarda si personne ne venait et monta devant le jeune homme.

L'appartement était libre et pouvait être occupé tout de suite : le jeune homme passa d'une pièce à l'autre, examina fort superficiellement, disons-le, s'il était commode ou non, ne s'occupant guère que du papier, des portes et des plafonds, qu'il trouva assez convenables.

Enfin, le portier le fit entrer dans un cabinet de toilette qu'il avait oublié de lui mentionner et qui donnait sur une petite cour carrée fort étroite, fermée en face par la maison voisine, laquelle avait cinq fenêtres perpendiculairement placées sur cette même cour.

Ce cabinet acheva de charmer notre jeune homme, qui demanda si les six cent cinquante francs annoncés étaient le dernier prix de l'appartement.

— Au juste, reprit le portier; il était même loué sept cents; mais il faut dire que c'étaient l'homme et la femme, des gens fort tranquilles du reste, et qui ont eu bien du regret de quitter la maison. Mais le mari a été nommé membre de l'Institut; alors ils ont été forcés de diminuer leurs dépenses, et le propriétaire a dit que, pour avoir un garçon, il ferait un sacrifice de cinquante francs. Monsieur est garçon?

— Oui.

— Eh bien, monsieur, pour un garçon, c'est tout ce qu'il faut: c'est au midi, on a le soleil toute la journée; il y a trois fenêtres sur la rue et un grand cabinet bien commode, avec une fenêtre aussi. On pourrait y mettre un lit même, pour un ami ou pour un petit domestique. Monsieur a-t-il un domestique?

— Non.

— Eh bien, si monsieur veut, ma femme ou moi, nous ferons son ménage.

— C'est cela. Le logement me convient, dit le visiteur en sortant et pendant que le portier fermait la porte; mais je ne veux y mettre que six cents francs.

— Si monsieur veut me laisser son adresse, j'en parlerai au propriétaire et j'irai lui porter la réponse. Du reste, monsieur voit que la maison est fort tranquille. Au premier, c'est une vieille dame toute seule ; le second n'est pas loué ; le troisième est vacant, et, au-dessus de monsieur, il n'y a qu'un jeune homme, qui est surnuméraire au ministère de l'instruction publique, M. Alfred ; mais il est toujours chez sa mère, qui habite la province. Nous ne souffrons ni chat ni chien dans la maison. Monsieur n'a pas d'animaux ?

— Non.

En ce moment, on arrivait à la loge ; le portier ouvrit, chercha quelque temps sur une commode où il y avait deux petits vases de fleurs artificielles, donna à son futur locataire une plume problématique qui ne faisait honneur ni à l'oie qui l'avait fournie ni à celui qui l'avait taillée, posa sur sa table une feuille de papier à lettre à côté d'un encrier en porcelaine qui représentait l'empereur, ayant de l'encre dans son chapeau, et le jeune homme écrivit son adresse: « Édouard Didier, rue, etc. »

— C'est très-bien, reprit le portier en lisant l'adresse. — Demain, je passerai chez monsieur, continua-t-il en le reconduisant jusqu'à la porte de la rue. Je n'ai pas besoin de dire à monsieur que le propriétaire et nous tenons à n'avoir que des personnes tranquilles. Nous savons bien ce que c'est qu'un jeune homme ; mais il y en a qui en abusent, qui reçoivent des... beaucoup de... enfin du monde qui *font* du bruit, et alors les locataires se plaindraient, et cela nous ferait avoir des désagréments.

— Je ne reçois que le strict nécessaire, dit le jeune homme en s'éloignant.

Le portier se mit à sourire de ce sourire disgracieux dont les imbéciles ont le privilége.

A quelques pas de là, Édouard rencontra un de ses amis parti depuis trois ou quatre mois pour un voyage, et revenu depuis quelques jours.

Après les premiers mots d'étonnement et de joie de se revoir :

— D'où viens-tu donc ? dit le nouvel arrivé, qui s'appelait Edmond L...

— Je viens de voir un logement que je vais prendre.

— J'en cherche un, moi. Est-ce loin d'ici ?

— Non.

— Eh bien, si tu veux, remontons le voir ; si tu ne

te décides pas et qu'il me convienne, je le prendrai.

— Malheureusement, fit Édouard, il y a beaucoup de chances pour que je le prenne.

— Voyons toujours.

On fit remonter le portier, et Edmond s'extasia sur la commodité du logement.

— Mon cher, dit-il, depuis huit jours que je suis arrivé et que je cherche un appartement, impossible d'en trouver un aussi charmant que celui-ci. Tu comptes le prendre?

— Mais oui.

— Quel malheur! Vous n'en avez pas un autre pareil? continua-t-il en s'adressant au portier.

— Non, monsieur, ils sont tous plus grands et plus chers.

— Quel malheur! répétait Edmond.

— As-tu fait un bon voyage? dit Édouard en redescendant.

— Oui.

— As-tu eu quelque aventure?

— Hélas! non. Tu sais que j'ai vingt-deux ans, et que, depuis six ans, je cherche une passion; je n'en trouve pas plus que de logement, mon cher. J'étais allé en Italie parce qu'on me disait que les Français sont les amant naturels des Italiennes. Ah bien oui ! elles me riaient toutes au nez.

— De sorte que tu es revenu...

— Comme j'étais parti. Mais j'ai écrit à une petite mme, hier ; je dois aller prendre la réponse.

— Eh bien, bonne chance !

— Si tu ne prends pas ce logement-là, répéta Edmond en quittant Édouard, fais-le-moi dire.

— Oui.

— Adieu.

Comme on le voit, Edmond était un type, mais un type ennuyeux. On n'a jamais rien vu de plus roide ni de plus disgracieux que ce pauvre garçon, toujours en retard d'une mode et toujours gêné dans ses habits ; un de ces individus que les femmes ont en horreur, parce que, quoique n'ayant sur leur compte que la théorie d'un collégien, ils affectent avec elles l'impertinence d'un roué, si bien que, comme elles savent à quoi s'en tenir, elles rient d'eux si elles ont un bon caractère, ou les mettent à la porte si elles en ont un mauvais. Si un ami, ayant une maîtresse, avait le malheur de lui présenter Edmond, il était sûr de s'entendre dire, deux jours après :

— Quel est donc ce monsieur que vous m'avez présenté ?

— C'est un de mes amis.

— Dites-lui que c'est un impertinent de se permettre de m'écrire ce qu'il m'a écrit, et que je lui défends de se présenter ici.

Quelques-uns d'abord s'étaient fâchés; mais, comme on avait vu que c'était un mal incurable, personne n'y faisait plus attention; d'autant moins que ces lettres étaient sans conséquence, et que, comme si toutes les femmes se fussent donné le mot, la réponse ne variait pas.

Quant à Édouard, avec qui nous devons faire plus ample connaissance, il était ce que l'on appelle un bon et brave garçon, qu'on voyait toujours avec joie: assez riche pour être indépendant, mais faisant son droit pour avoir le droit de ne rien faire, bon à se faire tuer pour un camarade, charmant, vif, indiscret, incapable d'un amour sérieux et ne rêvant qu'une liaison éternelle; figure fière, physionomie railleuse et qui prenait quelquefois une teinte de mélancolie légère et rapide, comme s'il eût vu passer devant lui l'ombre de son père et de sa mère, ces deux affections qui ouvrent les portes de la vie aux autres et qu'il n'avait jamais connues. Si bien qu'il avait, sans douleur présente, sans pressentiment de chagrin à venir, de ces heures profondément tristes où l'âme se replie sur elle-même ; où, au milieu même des éclats de rire de la journée, elle voit à travers les plaisirs éphémères du monde quelque figure morte, poétisée encore par le temps, qui lui sourit de ce sourire qui étoilait son berceau, et qui s'efface peu à peu jusqu'à ce que, les yeux se couvrant de larmes, elle disparaisse tout à fait.

Alors, pendant ces heures de recueillement, Édouard pensait à toutes ces affections d'un jour auxquelles il avait émietté son cœur et qui, aux instants de mélancolie que verse toujours le passé sur le présent, ne pouvaient le consoler dans sa solitude momentanée. La présence d'un ami joyeux eût pu seule effacer de son esprit ces douloureuses et passagères impressions.

Ces jours-là, c'étaient les jours où le temps était sombre, où il ne savait que faire, où il rentrait de bonne heure chez lui et où, au milieu du calme de sa chambre éclairée de deux bougies, les souvenirs devenaient ses hôtes et lui rendaient, dans un portrait, dans un meuble, dans un rien, une de ces joies d'enfant qui finissent presque toujours par devenir un sujet de tristesse ; puis il se couchait, prenait un des livres de nos poëtes avec lequel il pût causer de sa tristesse, s'endormait, et, le lendemain, si le jour était beau, les fantômes avaient disparu et il redevenait le joyeux camarade des jours précédents.

C'était donc une de ces bonnes natures franchement parisiennes, comme il semble y en avoir tant et comme cependant il y en a si peu. Ses visites, rares il est vrai, à l'École de droit, et d'un autre côté ses habitudes quelque peu aristocratiques lui avaient fait fréquenter un double monde d'étudiants débraillés et de jeunes gens oisifs ; et il se trouvait être fort aimé de tous, prêtant aux uns de l'argent avec lequel ils allaient à la Chaumière, et prêtant aux autres son esprit qu'ils répétaient le soir, ce dont leurs amis ou leurs maîtresses lui étaient fort reconnaissants.

Édouard s'en tint là de ses recherches ; il alla déjeuner. Rentré chez lui, il compara le nouvel appartement qu'il allait prendre avec celui qu'il allait quitter, vit qu'il n'y gagnait rien, si ce n'est du changement, et se mit à éprouver ces sortes de regrets qui vous viennent lorsqu'on quitte son logement de garçon, si petit et si incommode qu'il soit. On se rappelle tout ce qui est arrivé depuis qu'on y demeure, les vieilles émotions quotidiennes qu'il a vues naître et mourir, fleurs d'un matin, écloses entre quatre murs, et qui n'ont plus que ce parfum qu'on nomme souvenir. On en vient alors à regretter tout, jusqu'au piano insipide de la voisine, piano maudit qu'on retrouve dans toutes les maisons qu'on habite, miaulant matin et soir sa gamme éternelle et inapprise, jusqu'au portier qui vous remettait le soir votre bougeoir et votre clé, et quelquefois une lettre attendue, si bien qu'on bénissait presque autant la main qui la remettait que celle qui l'avait écrite.

Puis la veille du déménagement arrive. Ce soir-là, sous prétexte qu'on a des malles à faire, on rentre de bonne heure, quelquefois avec un ami qui vient vous aider, mais plus souvent seul, on ouvre les armoires, les meubles; on dérange tout, on touche à quarante choses sans les prendre, on ne sait par où commencer; puis, tout à coup, dans un tiroir oublié, on retrouve une lettre oubliée aussi, puis une autre, puis une autre encore; on s'assied sur le bord de son lit, et on se met à lire son passé, tout en interrompant sa lecture par ces monologues muets : « Pauvre fille ! Cette bonne Louise ! Elle m'aimait peut-être ! Qu'est-elle devenue? »

Et la soirée se passe, sans qu'on ait rien fait, on ne sait comment, à évoquer de douces ombres de femmes, qui sans doute, à l'heure même où on se les rappelle, disent à d'autres les choses charmantes et fausses qu'elles vous disaient naguère.

Le lendemain, quand on se lève et qu'on n'a plus que deux heures pour déménager, tout est encore bien moins en ordre que la veille.

Comme on le comprend, le portier était venu apporter à Édouard une réponse affirmative. Édouard, en échange de sa réponse, lui avait donné le denier à Dieu, et, comme le logement était vacant, il s'était mis à déménager tout de suite.

Deux jours après, il était complétement installé dans un nouveau palais à six cents francs par an.

II

LE LANSQUENET

Il y avait à peu près un mois que les choses étaient dans cet état quand, un jour, Édouard, en sortant, vit entrer dans la maison voisine une vieille femme à laquelle, disons-le, il ne fit pas grande attention, avec une jeune fille si belle, qu'ainsi qu'une déesse elle éclairait tout sur son passage. Elle tourna un instant la tête de son côté; mais, si court qu'eût été cet instant, Édouard avait pu voir des yeux bleus, des cheveux noirs, un teint pâle et des dents blanches comme les peintres poëtes en rêvent; et dans l'expression du visage, dans le galbe du corps, je ne sais quoi de hardi et de vigoureux qui dénotait une nature ardente et excentrique.

La jeune fille franchit le seuil de la porte cochère, qui se referma sur elle, et disparut comme une vision. Édouard continua son chemin, et, lorsqu'il fut arrivé au boulevard, où il venait tous les jours, sûr d'y rencontrer quelque ami, la charmante vision était déjà effacée de son esprit comme de ses yeux.

En effet, après s'être promené quelque temps, après avoir salué quelques individus, il finit par en trouver un à sa convenance; car il lui prit le bras et fit deux ou trois tours avec lui.

— Dînes-tu avec moi, lui dit Édouard, et veux-tu monter un instant chez Marie? Il y a deux jours que je ne l'ai vue, cette pauvre fille.

Les deux jeunes gens traversèrent le boulevard, entrèrent dans une maison de la rue Vivienne, montèrent au cinquième étage et sonnèrent très-familièrement.

Une espèce de femme de chambre vint leur ouvrir.

— Marie y est-elle?
— Oui, monsieur.

Ils pénétrèrent dans une espèce de salon où il y avait des espèces de meubles. Deux femmes et deux jeunes gens étaient assis autour d'une table et causaient bruyamment.

— Tiens! c'est Henri et Édouard, dit une ravissante petite tête blanche, blonde, rose comme un pastel de Müller. C'est bien heureux! nous faisons un lansquenet. Asseyez-vous si vous trouvez des chaises, et jouez si vous avez de l'argent.

On finit par trouver deux chaises.

— Qui est-ce qui gagne? dit Édouard.

— C'est Clémence. Elle triche.

Édouard se pencha à l'oreille de Marie et l'embrassa en lui disant tout bas :

— Tu vas bien?

— Très-bien!

— Pourquoi n'es-tu pas venue hier?

— J'ai été malade.

— Tu mens!

— Je fais trente sous, dit Clémence.

— Moi vingt, dit Marie. Édouard, mets pour moi; je perds.

Les jeunes gens se serrèrent la main.

— Qui est-ce qui fait la banque? dit Henri.

— C'est moi, dit Clémence.

— C'est donc toujours elle? Voilà dix-sept fois qu'elle passe!

— *Les canards l'ont bien passée*, chanta une voix fausse.

— Joue-t-on? cria Clémence. Je fais trente sous.
— Je tiens vingt, répondit Marie.
— Moi dix, fit Édouard.
— Moi le reste, dit Henri.
— As et valet, dit Clémence.
— L'as est bon.
— Galuchet est meilleur.
— Qu'est-ce que c'est que ça, Galuchet?
— C'est le valet.
— Il s'appelle donc Galuchet?
— Parbleu! comment veux-tu qu'il s'appelle?
— Dis donc, Henri, sais-tu comment on prend les crocodiles?
— Non.
— Eh bien! ni moi non plus.
— C'est l'as qui gagne.
— Naturellement... Galuchet n'a jamais perdu.
— Passe la main.
— Je fais cent sous, dit Édouard.
— Moi, quatre francs, dit Marie.
— Je crois bien! interrompit Clémence.
— Moi, vingt sous, dit un autre.
— Moi, le reste, dit Henri.
— Henri fait toujours le reste, et il ne reste jamais rien; il achètera une voiture avec ça.

— Ah ! à propos de voiture, Augustine en a une.
— Bah !
— Oui.
— Tiens !
— Sept et dix, fit Édouard.
— Dix est bon.
— Sept gagne, reprit le banquier.
— Doubles-tu ?
— Oui.
— Je fais sept francs, dit Marie.
— Cinquante sous, dit Clémence.
— Il reste cinquante centimes ; les fais-tu, Henri ?
— Non.
— Ah bien, tu ne te ruineras pas à ce métier-là, à faire toujours quand il ne reste rien, et à ne rien faire quand il reste.

— La dame est mauvaise, reprit Henri ; elle a déjà passé quatre fois.

Les deux jeunes femmes, appuyant leurs petites mains blanches sur la table, fixèrent, souriantes et attentives, leurs yeux sur les cartes qui tombaient une à une, et, voyant qu'elles se succédaient sans rien amener, elles se mirent à les insulter.

Le jeu avec les femmes a cela de charmant qu'il donne à leur physionomie toutes les expressions d'un chagrin réel ou d'une joie folle, selon qu'elles perdent ou qu'elles gagnent; car elles ne se donnent pas, comme nous, la peine de cacher ce qu'elles éprouvent.

— C'est la dame qui gagne! dit Clémence. Que le diable emporte le monarque!

— Il y a vingt francs au jeu, fit Édouard.

— J'en fais dix, dit Marie.

— Moi... rien, répondit Clémence en comptant ce qu'elle avait devant elle. Au fait, si je faisais cent sous?

— Moi le reste, dit Henri, d'un air résigné.

— Deux huit! fit Édouard.

— Je te devrai dix francs, lui dit Marie.

— J'aimerais mieux qu'un autre ne m'en dût que cinq, j'y gagnerais encore cent sous.

— Moi, je ne paye pas non plus, fit Clémence : voilà trois fois qu'il passe; mais je fais dix francs.

— Moi dix.

— Moi cinq.

— Cinq!

— Dix!

Le jeu se trouva fait. Édouard amena les cartes.

— Deux valets? dit-il en riant.

— Gredin de Galuchet, dirent les deux femmes.

— Cela fait vingt francs que je te dois, continua Marie.

— Je vends cette dette-là trente sous, reprit Édouard.

Personne ne répondit.

— Heureuse confiance! murmura Henri.

— Tenez, voilà mes dix francs, dit Clémence avec une petite moue rose; je ne joue plus.

— Je passe la main, dit Édouard.

Et, s'adressant à Marie, qui n'avait plus d'argent devant elle :

— Tiens, Marie, tu me dois vingt francs, en voilà quarante; cela fait que tu ne me devras plus rien.

— Combien y avait-il au jeu? dit Clémence à Édouard.

— Quatre-vingts francs.

— Je reprends la banque à quatre-vingts francs.

En ce moment, on sonna.

— Chuuut..., fit Marie.

On entendit la porte s'ouvrir et un dialogue commencer entre celui qui avait sonné et celle qui avait ouvert; puis la porte se referma avec ce bruit qui prouve qu'on a laissé le visiteur en dehors.

L'espèce de femme de chambre entra et remit

une carte à Marie, qui, après avoir lu le nom, la passa en souriant à Édouard, lequel la passa à Clémence, qui la donna à son voisin, si bien qu'elle fit le tour de la table et que tout le monde se mit à rire.

— Qu'est-ce que vous avez répondu? dit Marie à Joséphine.

— Que madame était chez sa sœur, à Auteuil.

— Je vote un louis à Joséphine, dit un des joueurs.

— Les chambres accordent.

On passa un louis à Joséphine.

— Maintenant que le monsieur est parti, reprit Clémence, en avant la barque! quatre-vingts francs!

— Vingt, dit Édouard.

— Dix, fit Marie.

— Quinze.

— Cinq.

— Le reste.

Clémence hésita un instant; l'idée qu'elle pouvait perdre quatre-vingts francs la tourmentait. Elle regarda si elle ne pouvait pas tricher; mais, voyant que tous avaient les yeux fixés sur les cartes, elle se décida et amena dame et valet.

— Je paye moitié et je me retire.

La dame avait déjà passé cinq fois.

— On refuse.

— Bravo ! Galuchet !

— C'est encore la dame, se mit à chanter Clémence. Je continue, je fais quatre-vingts francs ; la veine est bonne.

— Pardon, il faut que tu passes la main, tu n'as qu'un coup.

— C'est juste. Eh bien, mes petits anges, je ne joue plus.

— Bon ! voilà encore Clémence qui fait charlemagne.

— Tiens ! je ne gagne que cinquante francs.

— Je te les fais, dit Marie.

Clémence allongea ses deux petites mains au bout de son nez, les joignit par le pouce et le petit doigt, et leur imprima un mouvement connu.

— Alors, fit Marie, si Clémence s'en va, nous ne jouons plus.

— Eh bien, je fais vingt francs, dit Clémence en se ravisant.

— Je les tiens.

Et les cartes commencèrent à pleuvoir.

— Tu sais bien Lambert ? dit Henri à Édouard.

— Oui, celui qui étudiait le droit.

— Il vient d'être reçu médecin.

— En voilà un à qui je ferai soigner mon oncle!

— Je gagne, dit Marie en prenant les vingt francs de Clémence.

— Je fais trente francs, dit celle-ci, à condition que tu me passes la main... Dépêche-toi, il faut que je m'en aille.

— J'accepte.

Clémence amena sept et neuf : le neuf gagna.

Je ne sais pas de figure plus consternée ; c'était à faire pleurer un Turc.

— Je fais mon reste, dit-elle.

— Je tiens, dit Marie.

Au bout de trois cartes, Marie avait gagné.

Cette fois, c'était à faire pleurer un usurier.

— On vote vingt-deux sous à Clémence pour un cabriolet milord, dit Henri.

— Allez-vous-en au diable! reprit celle-ci en mettant son chapeau.

— Tiens, Clémence, dit Édouard, je te fais vingt francs sur parole, que je gagne ou que je perde. Je perds, ainsi tu as beau jeu.

— Je veux bien.

Elle gagna les vingt francs, les prit, mit son châle et disparut comme une flèche.

— Cette pauvre Clémence! dit Édouard.

— Laisse donc! reprit Marie, elle a gagné dix-huit louis hier au soir chez Juliette.

On se mit à causer; puis peu à peu on s'en alla.

Édouard et Henri furent les derniers, et Marie ne consentit à les laisser partir qu'à la condition qu'ils reviendraient après leur dîner.

— Quelle bonne fille que Marie! dit Édouard en descendant l'escalier.

— Où l'as-tu connue?

— Chez ce pauvre Alfred, qui est en Afrique.

— Elle est bien meilleure que Clémence.

— Il n'y a pas de comparaison.

Et les deux jeunes gens s'éloignèrent en faisant l'éloge de la jeune femme, qui s'était mise à la fenêtre et qui les suivit d'un sourire qui s'adressait à Henri, et d'un regard qui s'adressait à Édouard, jusqu'à ce que tous deux eussent disparut à l'angle du boulevard.

Après son dîner, Édouard revint seul rue Vivienne.

— Maintenant que nous voilà nous deux, monsieur, lui dit Marie d'un petit ton boudeur, vous allez un peu me dire ce que vous avez fait depuis deux jours et ce qui vous a fait oublier de venir ici.

Édouard se coucha aux pieds de son joli et sévère président, et se mit à développer un système de défense qui eût fait honneur à plus d'un grand avocat.

Les débats durèrent longtemps. Le jury entra en délibération, et, en faveur de l'amour qu'on avait pour l'accusé, on admit des circonstances atténuantes, et il fut déclaré non coupable.

Voilà à peu près quelle était la vie quotidienne d'Édouard, lorsque la gracieuse vision du matin vint y jeter quelques instants de douce rêverie.

III

SOUS LE MASQUE

Les bals de l'Opéra approchaient. Or, les bals de l'Opéra sont l'endroit de Paris où l'on s'ennuie le plus et où l'on retourne, je ne sais pourquoi, avec le plus de plaisir. Marie voyait donc venir cette époque avec joie et comptait bien ne pas en manquer un seul.

Du reste, Marie était une de ces femmes d'esprit qui ne demandent le bras de leur cavalier que jusqu'à l'entrée du bal, et qui, une fois dans le foyer, lui rendent sa liberté jusqu'au moment où elles doivent le retrouver, soit pour rentrer chez elles, soit pour aller souper.

Tout se passa donc comme d'ordinaire au premier

samedi. Seulement, à peine Marie eut-elle quitté Édouard, que celui-ci sentit qu'on lui prenait la main.

Il se retourna.

— Tu n'attends personne? lui dit un domino caché, enveloppé, crénelé dans son camail et impossible à reconnaître.

— Non.

— Veux-tu me donner ton bras?

— Avec plaisir, répondit Édouard en serrant une main fine et aristocratique, et en cherchant à reconnaître par ses yeux celle qui venait ainsi à lui.

— Inutile que tu cherches, lui dit le domino, tu ne me connais pas.

— Et tu me connais peut-être, toi?

— Beaucoup.

— Prouve-le-moi.

— Rien de plus facile; mais, comme ce que j'ai à te dire n'intéresse que toi, il est inutile que d'autres l'entendent. Suis-moi donc.

Et l'inconnue se mit à traverser hardiment toute cette foule jusqu'à ce qu'elle eût gagné une loge, au carreau de laquelle elle frappa. Un autre domino vint ouvrir, sortit et la laissa seule avec Édouard.

— Maintenant, lui dit cette femme, aimes-tu Marie?

— C'est selon.

— Comment, c'est selon?

— Oui. Si c'est comme amie, je l'aime beaucoup; si c'est comme maîtresse, je l'aime raisonnablement.

— Et Louise, l'aimes-tu?

— Moins que je ne croyais, mais plus peut-être que je ne crois, dit-il en souriant.

— Quels sont les jours où tu es triste?

— Le lendemain de bals masqués, demain par exemple.

— Et pourquoi?

— Parce que je t'aurai vue trop et trop peu.

— Tu ne peux pas me voir davantage aujourd'hui. Ainsi, résigne-toi. Seulement, pour te consoler, je te dirai que je suis jeune et belle.

— Je n'en serai que plus triste demain.

— Et que faut-il pour te rendre gai?

— Il faudrait te revoir ou plutôt te voir.

— Tu me verras.

— Quand?

— Demain.

— Où?

— Que t'importe, pourvu que tu me voies?

— Et, demain passé, te reverrai-je?

— Peut-être.

— Et je te reconnaîtrai?
— Non.
— Qui donc es-tu?
— Qui je suis? Je suis une femme qui ne t'avait jamais parlé et qui voulait te connaître.
— Ah!
— Et maintenant, adieu!
— Tu t'en vas?
— Oui.
— Pourquoi?
— Il le faut.
— Tu as un mari? dit Édouard sachant que cette supposition flatte toujours une femme au bal masqué.
— Non.
— Nous nous en allons ensemble?
— Enfant!
— Pourquoi, enfant?
— Parce que c'est impossible.
— Et pourquoi est-ce impossible?
— Parce que je ne t'aime pas encore assez et que je t'aime peut-être déjà trop.
— Tu parles comme le sphinx.
— Tâche de répondre comme Œdipe.
— Tu as de l'esprit?
— Quelquefois.

— Et du cœur?

— Toujours.

— Tu sais que je vais te suivre?

— Tu sais que je te le défends?

— Et de quel droit?

— Du droit que toute femme a sur un galant homme.

— Adieu donc!

— Au revoir, oublieux!

Édouard baisa la main de son inconnue, qui ouvrit la porte de la loge et disparut dans la foule.

Puis il se remit à la recherche de Marie, la trouva, et, tout le reste de la nuit, fut, sinon fort triste, du moins fort intrigué.

Le lendemain, il ne fit pas un pas sans regarder devant lui, derrière ou de côté, sans interroger tous les visages, sans questionner tous les yeux. Il ne trouva aucun indice qui pût lui faire reconnaître son domino. Le soir, il était désolé.

Quand il rentra chez lui, le portier lui remit une lettre d'une écriture fine et charmante. Voici ce qu'elle contenait :

« Tu es donc comme les gens de l'Évangile qui ont des yeux et qui ne voient pas? Si, quand tu te promenais, au lieu de regarder derrière et devant toi, tu avais regardé en haut, tu aurais vu.

» Le bonheur vient du ciel; c'est donc de son côté qu'il faut regarder... C'est encore un jour perdu. Tant pis pour toi! A samedi.

» Pas un mot de tout ceci, ou tu ne me reverrais pas. Bonne nuit! »

Édouard se frappa la tête, se gratta le bout du nez, questionna son portier, resta pendant une heure debout à regarder brûler sa bougie et à relire cette lettre, et, ne devinant rien, il prit le parti de se coucher.

Cependant, si incrédule, si indiscret que fût Édouard, il n'osait pas parler de cette aventure à ses amis; il craignait une mystification, et, chaque fois qu'on lui disait un mot ayant rapport au bal de l'Opéra, il croyait toujours qu'on allait ce qui s'appelle le *faire poser* et se moquer de lui. Il attendait donc le samedi suivant avec une certaine impatience que son amour-propre appelait de la curiosité.

Du reste, jusqu'alors, il n'avait pas beaucoup cru aux intrigues de bal masqué; il pensait que c'était un moyen de roman et non une possibilité de la vie réelle. Ses aventures à lui s'étaient toujours terminées le jour même par un souper, et lui avaient persuadé que c'était le seul dénoûment vraisemblable. Cependant il y avait eu dans le ton, dans la tournure, dans l'esprit de son domino quelque chose de si exceptionnel, et dans l'ordre qu'il lui avait donné de ne pas le suivre, un accent si digne, et dans la lettre du lendemain, des mots si mystérieux, qu'il se perdait au milieu de ses conjectures, comme Thésée au milieu des souterrains, et qu'il avait beaucoup de peine à attendre le samedi sans montrer la lettre à quelqu'un de ses amis et sans lui demander, à défaut d'éclaircissement, une probabilité.

Le samedi tant désiré arriva. Édouard passa la soirée avec Marie, qui hésitait à aller au bal et qui finit par se décider à rester chez elle. Il crut voir dans ce refus le nœud d'un complot; il regarda la jeune femme le plus finement qu'il put; mais, de quelque façon qu'il s'y prît, il ne lut rien sur son visage, si ce n'est qu'elle était fatiguée et que, ne s'étant guère amusée au bal précédent, elle craignait de s'ennuyer tout à fait à celui-ci.

Quant à lui, il prétexta un rendez-vous donné à deux amis, et, à minuit, il quitta Marie.

La première chose qu'il fit fut d'aller regarder dans la loge où, huit jours auparavant, on l'avait amené.

Il n'y avait personne.

Il rentra au foyer, qu'il quittait de temps en temps pour retourner à cette bienheureuse loge ; enfin, vers une heure du matin, il sentit une main qui lui frappait sur l'épaule, et entendit une petite voix qui lui disait :

— On vous attend.

— Où ?

— Loge numéro 20.

— Merci.

En effet, il arriva au numéro 20, où il trouva son domino hebdomadaire.

Il eut un battement de cœur.

— Suis-je exacte? lui dit cette voix qui lui bourdonnait dans l'esprit tous les huit jours.

— Oui, comme une créancière.

— Vous avez de jolies comparaisons?

— N'ai-je pas une dette à vous payer ? dette de reconnaissance pour cette charmante lettre qui me fait rêver le jour et qui m'empêche de dormir la nuit !

— Est-ce que vous allez être toujours aussi banal?

— Est-ce que vous serez toujours aussi méchante?

— En quoi le suis-je donc?

— Vous me dites *vous!*

— C'est peut-être un progrès.

— Vous prenez le plus long, alors.

— Ne plaisantons plus, je suis triste.

— Et qu'avez-vous? dit Édouard du ton d'un homme sérieusement affecté.

— Ce que j'ai? reprit l'inconnue en fixant ses yeux sur lui comme si elle eût voulut lire au plus profond de son cœur et de sa pensée. J'ai que je crains de vous aimer.

— Si vous me dites de ces choses-là, vous allez me rendre fou. Et où serait le malheur si vous m'aimiez?

— Le malheur serait que je ne suis pas de ces femmes qui promettent beaucoup et ne donnent rien, et qu'en vous aimant je pense que je puis me perdre.

— Bon! se dit Édouard, voilà que cela reprend le cours ordinaire. Trois francs de voiture pour aller, soixante francs de souper, trois francs de voiture pour revenir. Ça me fait soixante-six francs.

— A quoi pensez-vous?

— Je pense, reprit Édouard, qui ne put dissimuler un sourire, que, depuis qu'Ève a dit cette phrase-là à Adam dans le paradis terrestre, on l'a bien répétée dans le monde, et qu'il serait temps d'inventer quelque chose de plus nouveau.

— Adieu!

— Vous vous en allez?

— Je vous déteste!

— Asseyez-vous donc.

— Écoutez, reprit le domino, vous ne me connaissez pas. Je suis une de ces femmes capables de donner leur vie, leur âme, à l'homme qu'elles aiment; ardentes dans leur amour, mais terribles dans leur haine. Cela vous effraye, n'est-ce pas?

— La haine seule.

— Croyez-vous à quelque chose?

— A tout... Pensez-vous donc qu'un homme de mon âge a perdu déjà sa croyance?

— Je pense qu'à votre âge on ne l'a pas encore.

— Pourquoi?

— Parce qu'on n'a pas assez souffert et qu'on a trop aimé.

— Vous vous trompez, madame; les amours faciles et légères auxquelles nous semblons user notre âme, c'est à peine si nous leur prêtons notre esprit; et, un jour, vient une femme qui est tout étonnée de retrouver, sous la cendre de ces amours éteintes, le cœur intact, comme Pompéi sous la cendre du Vésuve.

— Oui, intact, murmura la jeune femme, mais mort.

— Eh bien, mettez-moi à l'épreuve.

— Si je vous disais : Il faut tout me sacrifier, cesser avec vos maîtresses vos amours faciles, risquer tous les jours votre vie pour me voir un instant, ne jamais dire ni à votre meilleur ami, ni à votre mère, ni à Dieu ce que je ferai pour vous, et, en échange de ce danger de tous les jours, de ce silence de tous les instants, un amour comme vous n'en avez jamais eu?

— J'accepterais.

— Si je vous disais encore : Peut-être un jour ne vous aimerai-je plus. Alors vous n'aurez rien à faire dans ma vie, pas un reproche à m'adresser, pas un mot à dire; et, si d'ici là vous devenez parjure ou seulement indiscret,... je vous tue !

— J'accepterais encore dit Édouard du ton d'un Horace jurant de sauver Rome, tout en se disant tout bas : « Pardieu! je serais curieux de trouver une femme de ce genre-là, je la ferais empailler un peu vite. »

— Maintenant, déchirez ma lettre... Très-bien... Demain, vous saurez mon nom.

— Qui me le dira?

— Vous le devinerez.

— A quoi?

— Si e vous dis à quoi, je ne laisse rien à faire à

votre intelligence. Quand vous saurez mon nom, vous me verrez, et, à quatre heures, vous reviendrez chez vous prendre mes ordres. Vous avez jusqu'à demain pour faire vos adieux à Marie. A bientôt !

— Vous me le promettez ?

— Je vous le jure.

Elle alla rejoindre cette femme qui l'accompagnait toujours, et toutes deux descendirent le grand escalier sans se soucier du sillage de propos joyeux et d'invitations libres qu'elles laissaient derrière elles.

IV

LE MOT DE L'ÉNIGME

Édouard rentra au foyer du bal de l'Opéra, ne comprenant rien à ce qui lui arrivait. Il avait entendu bien des femmes lui parler de réputation, de nom, de famille, et lui dire qu'elles pouvaient tout perdre pour lui, puis un jour disparaître et recommencer près d'un autre le même manége; mais on n'avait jamais exigé de lui des serments aussi formels ni un silence aussi positif; de sorte qu'il doutait encore s'il devait continuer cette intrigue.

Mais peu à peu, en voyant autour de lui ce monde frivole, plein de fleurs, d'esprit et de joie, il fut convaincu que toutes les femmes étaient comme celles qu'il avait sous les yeux, et que celle-là même qu'il venait de quitter n'avait voulu que rire un peu à ses dépens et lui faire subir à peu près, pour être son amant, le même examen que pour être franc-maçon.

Il se persuada donc que, le lendemain, il allait avoir le mot de l'énigme et que tout se terminerait à sa grande satisfaction. S'il eût pu prendre un instant au sérieux pareille aventure, il ne s'y fût pas engagé une minute. Lui, le garçon insoucieux par excellence, vivant de liaisons frivoles et de parties joyeuses, envelopper sa vie d'un de ces amours terribles qui enivrent d'abord et qui tuent ensuite, cela lui sembla impossible, ou du moins cela lui sembla impossible tant qu'il fut dans le bal, et qu'il eut à son bras une de ces femmes à l'amour tissu d'air, dont il reconnaissait le visage sous le masque et le cœur sous l'esprit. Mais, quand il fut rentré chez lui, telle était la versatilité de son caractère, qu'il se mit à se créer, comme Pygmalion, une statue dont il devint amoureux. Il ne rêva plus qu'une passion comme Werther, moins le suicide, bien entendu ; il entrevit des échelles de corde, des rêveries du soir, des enlèvements, des chaises de poste, des duels; et, comme il était fatigué, que les oreilles lui tintaient encore de la musique du bal, tout se termina dans sa tête par un galop général auquel il s'endormit fort agité.

Quand il se réveilla, il faisait grand jour ; le soleil s'était levé par hasard et comme s'il se fût trompé de pays. Édouard se frotta les yeux, regarda l'heure, ouvrit la porte de sa chambre à coucher, et vit son portier qui faisait tranquillement son ménage. Il lui demanda s'il n'avait rien pour lui.

— Non, monsieur, répondit le bonhomme ! Ah ! si fait ! une liste de souscription qu'on a apportée à monsieur pour un pauvre ouvrier qui s'est cassé la jambe, hier au soir, dans notre quartier, en tombant d'un échafaudage sur lequel il travaillait. C'est un pauvre père de famille.

— Donnez, dit Édouard en prenant la liste.

Et il se mit à la parcourir, afin de voir, par ce qu'avaient mis les autres, ce qu'il lui fallait mettre.

Le dernier nom était celui de mademoiselle Herminie de ***, inscrite pour cinq cents francs.

— Quelle est cette personne qui a donné plus que tout le monde ? demanda Édouard.

— Oh ! c'est une bien digne demoiselle, reprit le portier, qui fait beaucoup de bien aux pauvres. Elle demeure à côté.

— N'est-ce pas une grande jeune fille brune, un peu pâle ?

— Oui. Est-ce que monsieur la connaît ?

— Non ; mais je l'ai vue entrer dernièrement dans la maison à côté, et, d'après ce que vous dites, je présume que c'est elle.

— Oui, monsieur, c'est elle. Mademoiselle Herminie demeure là avec sa tante. Figurez-vous, monsieur, que cette femme-là monte à cheval et fait des armes comme un homme.

— Sa tante ?

— Non, mademoiselle Herminie.

— Vraiment ? Mais c'est une très-belle éducation pour une jeune fille !

— J'ai été maître d'armes dans mon régiment, continua le portier, et je puis dire que je tirais crânement. Eh bien, monsieur, elle a su cela, et elle n'a pas eu de cesse que je n'eusse fait des armes avec elle. Je me rappellerai toujours cela : c'était un matin du mois dernier ; vous n'étiez pas encore notre locataire. Si fait ! vous l'étiez déjà. Elle m'envoie chercher. On me fait entrer dans une petite salle d'armes très-gentille, où je trouve un joli jeune homme. C'était elle qui voulait faire assaut. On me donne un plastron, un fleuret. Je mets un masque et un gant, et nous voilà en garde. Ah ! monsieur, un vrai démon ! Cinq coups de bouton avant que je pusse seulement parer ! Et des dégagements, des contres, des coupés ! il fallait voir ! on eût dit l'épée de l'archange Michel ! Parole d'honneur, j'étais essoufflé, je n'en pouvais plus, qu'elle était aussi tranquille qu'en commençant ! Ah ! c'est une fière luronne !

— Et qu'est-ce que dit sa tante de ses habitudes ?

— Que voulez-vous qu'elle dise, la brave femme ? Du moment que ça amuse cette jeunesse, on ne peut pas empêcher ça... C'est la faute de son père...

— Pourquoi ?

— A ce qu'il paraît, son père était un ancien qui était solide et que l'empereur aimait beaucoup. Alors il grillait d'avoir un garçon, pour faire un soldat du fils comme lui était soldat du père. Voilà que sa femme devient enceinte ; voilà notre homme content : il croit que ça va être un garçon ; crac ! c'est une fille, et la pauvre mère meurt des suites de ses couches. Puis, comme un malheur n'arrive pas sans l'autre, voilà l'empereur qui revient de Waterloo, voilà la grande débâcle qui arrive, voilà le monde sens dessus dessous, et bref, voilà mon ancien qui vit à la campagne tout seul, entre le tombeau de sa femme et le berceau de sa fille. Alors, quand la petite a été un peu grande, il a voulu en faire un garçon ; il la faisait mettre en homme, il la faisait monter à cheval, tirer le pistolet, nager, faire des armes, et le diable à quatre ! Si bien que la petite gaillarde, qui avait une santé de fer, menait une vie d'enragée et rossait tous les petits garçons, ce qui amusait beaucoup le papa.

— Ah ! mais c'est très-joli, cela ! Continuez, vieillard.

Édouard, voyant le portier sourire, détourna la tête.

Le narrateur s'appuya sur son balai et continua :

— Mais ce n'est pas le tout. Le papa avait beaucoup de blessures, pas mal de rhumatismes dessous, et, un beau jour, il *cassa sa pipe*, comme on dit au régiment. Si bien que mademoiselle Herminie, qui avait alors quinze ans, resta avec sa tante, qui aime assez le monde, et qui, fatiguée de la campagne, s'en vint vivre à Paris avec sa nièce et occupa l'hôtel à côté. Quand elle eut dix-sept ans, on parla de la marier. Ah bien, oui ! elle a dit qu'elle n'épouserait qu'un homme qui couperait comme elle vingt-cinq balles de suite sur la lame d'un sabre et qui la toucherait dix coups contre cinq. Si bien que les prétendus s'en sont allés avec des coups de bouton et rien de plus.

— C'est très-curieux, fit Édouard d'un ton sceptique. Donnez-moi mes bottes, il faut que je sorte.

— Oui, monsieur.

— Et elle est riche?

— Très-riche. Ah! il faut la voir monter à cheval, suivie d'un domestique. John me disait hier que, quand il revient de l'accompagner au Bois, il n'en peut plus, il est sur les dents... Maintenant, on est habitué à ça; personne n'y fait plus attention; on la traite absolument comme un homme.

— Tenez, voilà vingt francs pour la quête.

— Il faut que monsieur signe.

— Ah! c'est juste.

Édouard prit une plume et mit son nom au-dessous de celui de la belle amazone; puis, tout à coup, il s'arrêta en disant:

— C'est impossible.

— Monsieur refuse de donner ses vingt francs? Monsieur est libre.

— Je connais cette écriture-là, murmura Édouard.

— Que dit monsieur?

— Je n'ai plus besoin de vous. Allez-vous-en. Je garde cette liste; vous monterez la prendre quand on viendra la chercher... Où diable ai-je vu cette écriture-là? se dit Édouard quand il fut seul.

Puis, tout à coup, il se frappa le front et alla fouiller dans la poche de son habit pour y reprendre la lettre de son domino; mais il se rappela qu'il la lui avait rendue ou plutôt qu'il l'avait déchirée sous ses yeux, et il revint à la liste pour s'assurer de l'identité de l'écriture.

C'était si invraisemblable, que cette jeune fille, qu'il n'avait entrevue qu'une fois, fût l'héroïne de ses deux bals masqués, qu'il rejeta toute supposition à son égard. Et cependant il revenait à toute minute regarder le nom, et, tant qu'il l'avait sous les yeux, il restait convaincu que la lettre était de la même main qui avait signé l'offrande des cinq cents francs.

C'était à n'y pas croire, aussi Édouard croyait-il de plus en plus.

— Pardieu! pensa-t-il, elle m'a dit que j'apprendrais son nom aujourd'hui : le voilà, son nom. Elle m'a dit que je la verrais : eh bien, je vais sortir et je la verrai sans doute.

Il se mit à s'habiller et passa dans son cabinet de toilette, qui, comme on se le rappelle, donnait sur une petite cour. Le portier avait laissé la fenêtre ouverte, et, au moment où Édouard s'avançait pour la fermer, il vit passer, derrière les vitres de la fenêtre vis-à-vis de la sienne, la jeune fille, qui le regardait et mettait un doigt sur sa bouche, signe qui, dans toutes les langues, se traduit par *silence!*

Puis le rideau retomba et tout fut dit.

Édouard resta comme pétrifié. Le cœur lui battait à lui rompre la poitrine.

Il ferma sa fenêtre, puis s'assit et se mit à réfléchir.

Le résultat de ses réflexions fut que, maintenant qu'il savait quelque chose, il ne comprenait plus rien.

Il acheva sa toilette et sortit.

— Je crois bien que je serai discret! se disait Édouard. Comme elle est belle! Et cette pauvre Marie que je lui ai promis de ne plus voir! Comment faire pour me brouiller avec elle?

Tout en faisant son petit monologue, il arriva rue **Vivienne** et trouva Marie assise et boudeuse au coin du feu.

— Bonjour, dit-il en entrant.

— Bonjour, répondit la jeune femme d'un ton sec.

— Tu es malade?

— Non.

— Qu'est-ce que tu as?

— Je n'ai rien.

— Pourquoi fais-tu la moue

— Parce que.

— Mauvaise raison. Adieu.

— Tu t'en vas?
— Oui.
— Bon voyage!

Édouard sortit. Quand il eut descendu un étage, il entendit Joséphine qui lui criait par-dessus la rampe :

— Monsieur!
— Eh bien? fit-il en relevant la tête.
— Madame veut vous parler.

Édouard remonta.

— Qu'est-ce que tu me veux? dit-il en rentrant.
— Assieds-toi là.
— Après? continua-t-il se faisant grondeur à son tour.
— Avec qui as-tu été au bal hier?
— Avec Henri et Émile.
— Et qu'est-ce que c'est que cette femme avec qui tu as causé toute la nuit?
— C'est ma tante.
— Ah! je te conseille de plaisanter!... Écoute, Édouard, si tu ne m'aimes plus, avoue-le, plutôt que de me faire jouer un rôle ridicule et de m'exposer à m'entendre dire partout que tu m'as quittée, moi malade, pour conduire je ne sais qui au bal de l'Opéra.
— Avec ça que c'est drôle, le bal de l'Opéra!

Et le jeune homme se mit à remuer le feu avec les pincettes.

— D'abord, continua Édouard en riant, je n'ai conduit personne au bal de l'Opéra. Une femme est venue me parler, je ne pouvais pas la faire arrêter par les municipaux.

— Quelle est cette femme?

— Je ne la connais pas.

— Tu mens!

— Je te le jure. Et, d'ailleurs, je ne sais pas ce qui te prend. Je sors pour venir te voir, au lieu de travailler et d'aller à l'École, et voilà que...

— Aujourd'hui, c'est dimanche, on ne va pas à l'École.

— Oui; mais je pouvais étudier.

— Va donc, mon bonhomme, va donc; je sais ce qu'il me reste à faire.

— Fais ce que tu voudras. Tu peux même, si ça t'amuse, écrire des livres sur la morale; mais je te préviens que je ne les lirai pas.

— C'est donc beau, ce que tu dis là?

— Tu es bien fière! Il y a des académiciens et des sénateurs qui en font. C'est très-joli.

— Tiens, va-t'en! je te jetterais mes pincettes à la tête!

— Ce n'était pas la peine de me rappeler pour me dire cela.

— Je veux que tu me conduises au Cirque, ce soir.

— Ton dialogue manque de suite. C'est impossible.

— Pourquoi?

— Parce que je dîne en ville.

— C'est bien! Quand tu me reverras, il fera chaud.

— A l'été prochain, chère amie.

Marie passa dans une chambre voisine et ferma violemment la porte. Quant à Édouard, il sortit en se disant :

— Me voilà brouillé. Qu'on dise encore qu'il n'y a pas une Providence!...

Il était près de quatre heures. Édouard prit une voiture et rentra chez lui.

On lui remit une lettre ; il l'ouvrit et lut :

« J'ai entendu parler d'un homme qui, le lendemain du jour où il s'était aperçu que la femme qu'il aimait demeurait en face de chez lui, avait trouvé moyen de jeter un pont sur les deux fenêtres et de venir la trouver à minuit.

» Il est vrai que c'était un homme d'esprit, de courage et de cœur. »

On remit, en outre, à Édouard la carte d'Edmond, qui lui faisait dire qu'il serait à cinq heures en face du café de Paris.

V

A VISAGE DÉCOUVERT

Édouard monta chez lui. Il s'agissait de mesurer la distance qui séparait les deux fenêtres, et, comme disait la lettre, d'établir un pont. Ce n'était pas chose commode, d'autant moins qu'on ne pouvait prendre que des mesures approximatives. Enfin, comme il n'y avait pas de temps à perdre, il calcula le mieux qu'il put, redescendit, entra chez un charpentier qu'il trouva sur son chemin, et dit qu'il lui fallait pour le lendemain une planche large d'un pied, longue de dix et épaisse de trois pouces; puis il donna son adresse, paya et sortit.

A cinq heures, il trouva Edmond qui l'attendait sur le boulevard.

— Quoi de nouveau ? dit Édouard.

— Rien.

— A-t-on répondu à ta lettre?

— Oui, tiens, voilà la réponse.

Édouard lut :

«Monsieur, pour qui me prenez-vous? Vous êtes un *saut !*

» ÉLÉONORE. »

Édouard ne put s'empêcher de rire.

— Qu'est-ce que tu dis de cela ? fit Edmond.

— Je dis que ça c'est pas une réponse bien encourageante.

— Toi qui connais tant de femmes, fais-m'en donc connaître une.

— Tu es donc toujours vacant?

— Toujours.

Ce fut un des *toujours* les plus tristes qui se soient dits.

— Eh bien, je t'en ferai connaître une.

— Vraiment?

— Oui.

— Quand?

— Aujourd'hui même.

— Blonde?

— Oui.

— Une femme honnête?

— Parbleu! mais fort sensible.

— Tu vas me présenter?

— Tu iras seul.

— Elle me mettra à la porte.

— Tu lui donneras quelque chose de ma part. Il faut que je lui fasse un cadeau quelconque. Autant que ce soit toi qui profites de la bonne humeur qui en résultera.

Édouard entra chez Marcé, choisit un bracelet auquel il joignit cette lettre :

« Ma chère Marie, oublie ce qu'hier encore j'étais pour toi; souviens-toi toujours de ce que je serai désormais : un ami sincère et dévoué.

» Permets-moi d'offrir ce bracelet à ton bras droit; s'il n'en veut pas, qu'il l'offre à ton bras gauche.

» Celui qui te le remettra est un de mes bons amis, qui voudrait devenir un des tiens. »

— Maintenant, continua Édouard, porte cela à mademoiselle Marie, rue Vivienne, 49.

Edmond disparut comme l'ange de la Visitation.

Quant à Édouard, ne sachant que faire de sa soirée, il rentra de fort bonne heure, étudia de nouveau les localités, réfléchit longtemps à tout ce qui lui arrivait et s'endormit.

Le lendemain matin, il fut réveillé par le charpentier, qui lui apportait sa planche. Ce brave homme était fort intrigué, et voulait absolument savoir ce qu'on pouvait faire d'une planche de dix pieds dans un appartement si petit. Il ne s'expliquait cela que par un amour exagéré du bois et par le besoin qu'éprouvait l'acheteur d'en avoir toujours auprès de lui. Il ne put y tenir, et demanda où il fallait mettre la planche.

— Dans le cabinet de toilette.

— Et comment faut-il la poser?

— Droite, appuyée contre le mur.

— Si monsieur voulait me dire pourquoi c'est faire, nous pourrions la placer tout de suite... Si c'est pour y poser des objets lourds, — car il faut que les objets soient lourds pour que monsieur l'ait commandée si forte, — en y mettant, dessous, des supports solides...

— C'est pour faire un jeu chinois, dit Édouard. Le reste me regarde.

Le charpentier sortit.

Quelque temps après, Edmond entra.

— Quelles nouvelles? lui demanda Édouard.

— Eh! mais elle ne m'a pas très-bien reçu.

— Qu'est-ce qu'elle t'a dit?

— Presque rien. Elle m'a remis cette lettre pour toi.

Édouard ouvrit et lut :

« Mon cher Édouard, je te remercie de ton bracelet; mais, quand tu voudras que tes cadeaux me fassent plaisir, il ne faudra pas me les envoyer par des ambassadeurs aussi insolemment bêtes que ton ami...»

— Parle-t-elle de moi? fit Edmond.

— Du tout! ce sont des choses particulières.

— J'y retournerai aujourd'hui.

— Fais comme tu voudras.

La journée se passa comme toutes les journées à la fin desquelles on doit faire une chose plus importante que la veille, c'est-à-dire qu'Édouard n'avait qu'une pensée et que tous ceux qu'il rencontra passèrent devant lui comme des ombres, sans que son esprit en gardât le moindre souvenir. Les rideaux de la fenêtre voisine restèrent inviolablement fermés, et il y avait même des moments où Édouard croyait avoir fait un rêve et ne savait plus ce qu'il lui restait à faire. Les aiguilles de la pendule, qui devaient, selon toute probabilité, marcher si vite pour lui à partir de minuit, marchaient bien lentement pour arriver là.

Un bizarrerie de l'homme, c'est de vouloir, quand il attend une heure avec impatience, faire faire au temps un chemin aussi rapide que celui de sa pensée. Ainsi Édouard se promenait dans sa chambre, reconstruisait dans son esprit les commencements de cette aventure, s'en représentait toutes les suites possibles, rêvait tout un monde inconnu, et restait fort étonné de n'avoir mis que cinq minutes au plus pour tout cela.

Mais, enfin, si lentement que semble marcher l'heure, il faut que celle qu'on attend arrive ; et alors, chose assez étrange, une fois qu'elle est arrivée, toutes les choses indifférentes qu'on a faites s'effacent, et il semble qu'elle est venue bien vite.

Minuit sonna !

Édouard se mit derrière sa fenêtre, pour voir s'il

apercevrait à celle de sa belle voisine quelque mouvement qui le rappelât à la réalité.

Au bout de deux ou trois minutes, il vit le rideau se soulever imperceptiblement, et, comme si son cœur n'eût attendu que ce signal, il se mit à battre avec acharnement.

Édouard ouvrit sa fenêtre tout à fait.

L'autre répondit en s'ouvrant de même.

L'obscurité était complète. Édouard s'en alla prendre la planche. Or, la planche était lourde, et ce n'était pas chose facile que de poser un pareil monument entre les deux maisons.

— Si elle allait être trop courte! pensa-t-il.

Et, tout en faisant les réflexions qu'inspirait la circonstance, il approcha son pont et regarda si personne ne pouvait le voir. I. s'assura que tout dormait dans la maison comme dans la nature, depuis Neptune jusqu'au portier, et il se mit à faire glisser son dessus de précipice sur le rebord de sa fenêtre jusqu'à ce qu'il eût touché celui de la fenêtre opposée.

Il avait eu une peine horrible pour accomplir cette manœuvre; il avait fallu qu'il appuyât de tout son poids sur la partie de la planche qu'il tenait, pour qu'elle ne s'en allât pas, comme une flèche, donner dans les fenêtres du dessous et réveiller tout le monde.

Outre qu'une pareille maladresse lui eût fait perdre tout le bénéfice de son aventure, cette chute n'aurait eu aucune excuse aux yeux des voisins. Si bizarres et si excentriques que soient les habitudes d'un locataire, il ne peut pas faire croire qu'elles aillent jusqu'à jeter, passé minuit, des planches de dix pieds de long et de deux pouces d'épaisseur dans les carreaux des maisons. Il n'eût guère trouvé de soutiens que chez les vitriers.

Il faut avouer, pour être vrai, que la crainte de se casser le cou était pour moitié dans l'émotion qu'éprouva Édouard lorsqu'il mit le pied sur la planche.

Comme vous pensez, il ne resta debout sur le pont mouvant que juste le temps nécessaire, et il se trouva bien vite à cheval sur la planche, qui, toute solide qu'elle était, n'en avait pas moins une certaine élasticité de tremplin, fort agréable dans un gymnase, mais fort déplaisante au-dessus de quatre étages.

Enfin, comme il n'y avait plus à reculer, Édouard avança, mais avec une précaution qui prouvait tout le prix qu'il attachait à son existence.

Arrivé au milieu, il pensa à Marie, se disant qu'il aimerait encore mieux sa vertu d'occasion, qu'il trouvait toujours au bout de quatre-vingts marches, que cette vertu toute neuve qu'il allait trouver, par un chemin pas court, il est vrai, mais bien plus difficile, et qui lui faisait faire un exercice qui devait le rendre souverainement ridicule.

Enfin il toucha le bord et ne put retenir un *ouf!* où il y avait plus de joie d'être arrivé sain et sauf, que de bonheur de voir sa maîtresse.

A peine eut-il enjambé la fenêtre, qu'il entendit la charmante voix du bal qui lui disait :

— Retirez la planche.

— Ah çà! se dit Édouard, ce n'est pas un amour, c'est un déménagement.

Et il se mit à retirer son chemin.

La chambre où il se trouva était complétement obscure, si bien qu'il restait là, étreignant dans ses bras cette planche stupide, et ne sachant où la mettre. S'il avait fait jour et qu'il eût pu voir la figure qu'il faisait, il se fût jeté par la fenêtre à l'instant même et se fût sauvé du ridicule par le terrible.

Comme il n'entendait rien, il se hasarda à dire :

— Où peut-on poser la planche?

Il sentit une main qui le guidait dans l'ombre, et, ayant rencontré un mur, il lui confia ce que, dans une ou deux heures, il aurait de plus cher au monde. Puis il continua de suivre cette main, qui l'attira et le fit asseoir sur une causeuse. Et alors, au milieu de l'obscurité, commença à voix basse ce dialogue historique :

— Vous tiendrez vos promesses?

— Oui.

— Savez-vous ce que je risque en vous recevant ici ?

— Savez-vous à quoi je m'expose en y venant?

— Je peux perdre ma réputation !

— Je peux me casser le cou, moi !

— C'est si peu de chose que la vie !

— Pardon, pardon... Si vous n'y tenez pas, n'en dégoûtez pas les autres.

— Je vous l'avais bien dit, qu'il y avait un danger de tous les jours à vaincre pour me voir. Il en est temps encore, si vous ne m'aimez pas assez pour vous y exposer, rentrez chez vous et oubliez-moi comme je vous oublierai.

— Je vous aime, fit Édouard en lui prenant les mains.

— Ma conduite doit vous paraître étrange ; mais vous vous rappelez que je vous ai dit n'être pas une emme comme les autres. Je vous aime comme amant mais je vous haïrais comme mari. La seule idée que quelqu'un aurait reçu d'un pouvoir plus fort que le mien le droit de m'empêcher d'être libre, serait un tourment sans fin pour moi. Vous êtes mon premier amour; mais je ne vous dis pas que vous serez le dernier. Moi, je n'ai jamais aimé, je ne sais pas combien de temps on aime, et, du jour où je ne vous aimerai plus comme aujourd'hui, j'entends que nous redevenions libres tous deux; que jusque-là il n'y ait pas une indiscrétion de votre part, comme il n'y aura pas un doute de la mienne, et qu'une fois séparés par ma seule volonté, quoi qu'il arrive, vous cessiez de me connaître et continuiez votre route sans regarder en arrière.

— Cette femme-là prend un amant comme on prend un domestique, pensa Édouard. Voyons les gages!

— Une autre, continua la jeune fille, se fût mariée et eût caché ses amours sous sa position nouvelle, ses amants derrière son mari, et, aux yeux du monde, eût rendu ridicule un homme d'honneur qui lui aurait donné la moitié de sa vie et confié son nom. Moi, je ne trompe personne; je suis libre de mon amour comme de ma pensée; je suis venue à vous parce que je vous aimais, et que, si hardi que vous fussiez, vous n'eussiez pas osé venir à moi.

— Très-bien, se dit Édouard ; me voilà rangé dans la classe des chiens et des chevaux.

— Une seule personne est dans notre secret ; mais celle-là sera muette comme moi, parce qu'elle me doit tout, ne croit et n'espère qu'en moi, et que, du jour où elle tenterait de me perdre, elle se perdrait. Ainsi, c'est plus qu'un témoin, c'est un auxiliaire.

Si cet amour spontané et violent de la jeune fille était flatteur pour la vanité d'Édouard, la position qu'elle lui faisait ne l'était guère pour son amour-propre ; il restait, comme il disait, dans la catégorie des animaux domestiques ; il devenait pour sa maîtresse un peu plus que sa femme de chambre, un peu moins que son chien, un accessoire, un hochet, un passe-temps, et on le prenait à son tour pour éteindre une passion, comme, du reste, il avait pris bien des femmes pour satisfaire à un caprice.

Cependant, tout humiliant que devenait son rôle, il l'accepta en pensant que, du jour où il serait réellement l'amant de cette femme, il prendrait assez d'empire sur son esprit, sinon sur son cœur, pour passer au moins de la position d'accessoire à celle d'utilité.

Édouard était de ceux qui croient que l'amour est la grande chose de la vie des femmes, et que celui qui parvient à s'emparer de cet amour devient leur maître. Il se trompait, surtout pour Herminie, chez qui une éducation exceptionnelle avait plus exalté l'imagination que développé le cœur. Elle se connaissait parfaitement, et il faut dire, à sa louange, qu'elle était franche avec lui. Elle l'aimait, elle trouvait tout naturel de le lui dire, comme aussi de lui fermer sa fenêtre, du jour où elle lui fermerait son cœur. Mais, comme, tout en trouvant l'amour une assez agréable distraction, elle trouvait le monde un charmant plaisir, elle ne voulait pas sacrifier le plaisir à la distraction. C'est pour cela qu'elle exigeait un silence hermétiquement gardé.

Quant à Édouard, il n'avait pas d'amour pour elle. Si c'eût été une douce et craintive jeune fille, il se fût senti fort auprès d'elle, et peut-être l'eût-il aimée, ne fût-ce que pour avoir dans sa vie un amour de roman. Si Herminie, qui bravait les préjugés dans le tête-à-tête, les eût bravés en face de tous ; si elle l'eût pris, lui, jeune, inconnu, au mépris du monde, et en lui écrivant pour ainsi dire sur le front : « Cet homme, c'est mon amant! » il en fût devenu fou, parce que son plaisir et sa vanité y eussent trouvé leur compte. Mais une liaison ténébreuse, accompagnée de menaces de mort à la moindre indiscrétion, tout cela n'était pas très-engageant pour un homme habitué à des cœurs sans garnison, se rendant, comme les citadelles espagnoles, à la première attaque, et ne trouvant jamais une arme contre les assiégeants, une fois qu'ils sont devenus les maîtres. Aussi n'accepta-t-il ce que lui offrait Herminie que parce que, après tout, on ne trouve pas tous les jours une belle jeune fille qui jette sur vous tout le feu de son premier amour, et parce qu'il se disait que, lui aussi, il serait toujours libre de rompre ce mariage nocturne, et de terminer cette aventure par le dénoûment qui lui conviendrait.

faut dire cependant que ces idées, qui devaient évidemment devenir plus précises chaque jour, ne pouvaient être d'abord qu'à l'état de vague instinct dans l'esprit d'Édouard, en présence de la jeune fille. En l'écoutant, en prenant sa douce main, il se crut capable de tout braver pour elle, pour la femme dont le cœur lui demandait si naïvement la révélation d'un bonheur inconnu, dont l'âme se donnait à lui avec tous les étonnements et toutes les joies d'un premier amour. Elle aussi, qui avait si froidement raisonné sa passion d'abord, semblait entièrement changée, elle l'aimait, oublieuse du monde et de l'avenir. Si bien qu'à trois heures du matin, à peu près, quand Édouard recommença, pour rentrer chez lui, le même exercice qu'il avait fait pour en sortir, tout se trouvait poétisé à ses yeux, et qu'il ne tenait à la vie que pour pouvoir de nouveau, le lendemain s'exposer à la mort.

VI

IL Y A LOIN DE LA COUPE AUX LÈVRES

Quand Édouard se réveilla, il était convenu qu'il était amoureux fou d'Hermine. Il faisait des vœux de fidélité et de discrétion, et ne songeait qu'au moment heureux où il pourrait retourner auprès d'elle. Tout se passa la seconde fois comme la veille. Seulement, Édouard était un peu plus aguerri, et traversait son pont avec une rapidité et une insouciance charmantes. Le surlendemain, même amour, même confiance. Enfin, comme les jours se suivaient et se ressemblaient, au bout d'une semaine, il n'y avait pas à Paris un homme capable de passer aussi bien qu'Édouard sur une planche. En supposant que la chose pût durer un an, il fût devenu un des acrobates les plus distingués de la capitale.

Les dix ou douze premiers jours ne parurent pas longs à Édouard. Il les remplissait des souvenirs de la veille et de l'espérance du soir; mais il lui sembla que peu à peu les journées se faisaient vides, et il éprouva le besoin de revoir ses anciens amis, qu'il avait négligés pour ses nouvelles amours.

Quant à Marie, qui avait paru prendre si facilement son parti de la désertion de son amant, elle eût bien voulu savoir ce qu'il devenait, et n'eût même pas été fâchée que le hasard se chargeât de la venger d'une façon quelconque; mais, de quelque manière qu'elle s'y prit, elle ne put rien savoir, sinon qu'on ne voyait plus Édouard nulle part, ni à la promenade ni au théâtre, et que l'on commençait à croire que, comme Curtius, il s'était jeté dans un gouffre. Ce fut alors qu'il reparut tout à coup sur le boulevard, rendez-vous quotidien de ses amis.

L'un des premiers qu'il revit fut Edmond, qui cherchait toujours un logement et une maîtresse, et il va sans dire qu'il ne trouvait ni l'un ni l'autre.

—Ah! mon cher, disait-il à Édouard, c'est une femme comme Marie et un logement comme le tien qu'il me faudrait!

— Marie ne consent donc pas à t'aimer?

— Hélas!

— Comment te reçoit-elle?

— Quelquefois mal, mais souvent très-mal.

— Va d'un autre côté.

— Je ne connais pas d'autre côté.

— Que veux-tu que je te dise? Attends.

— Si je pouvais déménager, encore! Mais impossible de trouver un logement. Tu trouves tout de suite, toi!

— Cherche.

— Je ne fais que cela. Pendant que tu es en train de quitter, quitte ton logement et cède-le-moi.

— Impossible.

— Adieu, alors.

— Adieu.

Et, le soir, à minuit, Édouard recommença le trajet aérien qu'il avait fait la veille et qu'il devait faire le lendemain.

Cependant cette existence devenait un peu monotone. Plusieurs fois il avait refusé des parties que, quinze jours plus tôt, il eût acceptées avec enthousiasme et qui l'auraient fort amusé encore, malgré le nouvel état de choses. Il voyait tous ses amis continuer la vie à laquelle il s'était mêlé jadis, et il commençait à les trouver plus heureux que lui. Les premières heures d'enivrement passées, il se mit à réfléchir sur la position ridicule qu'il se faisait, et ses premières idées lui revinrent, mais plus acharnées et plus précises encore que la première fois. Quand par hasard il avait une soirée libre, c'est qu'Herminie allait au bal et donnait à des robes, à des fleurs, à la danse, le temps qu'elle eût dû lui donner tous les jours. Il n'était pas, comme nous l'avons vu, bien sérieusement amoureux; mais il raisonnait comme s'il l'était, et il en voulait à Herminie d'une chose qui très-souvent eût été fort agréable à lui-même. Or, si les bénéfices étaient grands, les charges étaient énormes, de sorte que, soit qu'il ne pût supporter les veilles, soit qu'Herminie fût d'un caractère exigeant, Édouard s'ennuyait à vue d'œil.

Les bals se passaient. Herminie voulait bien y aller, mais elle n'entendait pas que les soirées de liberté qu'elle laissait à son amant, il les occupât à autre chose qu'à penser à elle ; et, comme elle avait, grâce à cette femme qui toujours l'accompagnait aux bals de l'Opéra, une police très-bien faite, si elle avait appris qu'Édouard n'eût pas passé la nuit chez lui, elle lui aurait fait le lendemain une scène de reproches et de jalousie. Édouard sentait donc que, plus il irait, moins sa position serait tenable, et que le moindre accident le rendrait, lui et sa planche, honteusement ridicule aux yeux de ses amis.

Plusieurs fois il avait essayé de partager avec Herminie ces heures de tristesse qu'il avait déjà dans l'âme, mais qui, depuis quelque temps, se représentaient plus fréquentes. Alors il se mettait à ses pieds et, pendant quelques minutes, voulait oublier la maîtresse pour l'amie ; mais il s'apercevait bientôt que cette causerie rêveuse, que les gens les plus heureux même échangent et qui repose comme un sommeil, était parfaitement inconnue à la jeune fille. Elle n'avait pas même cette charité du cœur qu'avait Marie, qui, toute folle qu'elle était, effaçait le sourire de ses lèvres roses quand Édouard était triste. Vingt fois il lui avait pris les mains, et, avec ce bonheur qu'éprouve tout homme à parler de sa vie, si indifférente qu'elle soit aux autres, si uniforme qu'elle ait été pour lui, il avait raconté à Herminie sa première jeunesse, et avait, pour ainsi dire, cherché, dans l'amour de sa maîtresse, la continuation de l'amour de sa mère ; mais jamais un mot de consolation n'était tombé de la bouche de la jeune fille, dont le cœur ardent, ouvert aux passions, semblait être fermé aux sentiments.

Édouard, acceptant cette intrigue dans tout ce qu'elle avait d'excentrique et de nouveau pour lui, avait voulu le plus possible la poétiser ; mais il était forcé de s'avouer que c'était chose impossible, et qu'il était bien heureux de ne pas aimer Herminie. Enfin, il arriva ce qui devait arriver, c'est que, ne trouvant rien de vrai chez cette femme, excepté la passion, il en vint à la mépriser et ne pensa plus qu'au moyen de rompre une liaison qui datait de deux mois à peine.

La veille du jeudi de la mi-carême arriva, et, ce jour-là, comme tous les autres jours, Édouard mit sa planche entre les deux fenêtres, passa dessus, la retira, la remit, la repassa, la reprit, le tout d'un air fort résigné.

— Vous serez libre demain, lui dit Herminie ; c'est le dernier bal de l'Opéra, et j'y veux aller. Je vous y verrai, n'est-ce pas ?

Il y avait si longtemps qu'Édouard n'était allé au bal, qu'il fut, comme un enfant, heureux de cette permission qu'on lui accordait, et, le lendemain, à une heure, il était dans le foyer.

Ce fut encore Edmond qui le premier vint à lui.

— Eh bien, lui dit Édouard, rien de nouveau ? As-tu trouvé un logement ?

— Non.

— Et une femme ?

— Non plus.

— Mais celle que tu avais au bras tout à l'heure ?

— C'est Marie.

— Et toujours inflexible ?

— Toujours.

— Tant mieux pour toi, parce que tout n'est pas rose chez les femmes.

— Est-ce que tu aurais des chagrins de cœur ?

— Non ; mais je t'avouerai que je suis fort inquiet.

— Conte-moi cela.

— Tu es trop bavard.

— Conte toujours.

Il y avait déjà longtemps qu'Édouard éprouvait le besoin de faire part à quelqu'un de ses aventures et de ses infortunes. Il se mit donc à raconter à Edmond, qui lui promit le secret, comment il avait connu Herminie, les lettres qu'il avait reçues d'elle, les rendez-vous de chaque soir, l'excentricité de son caractère, et enfin à lui développer toutes les raisons qui le forçaient à rompre. Edmond écoutait fort attentivement. Quand Édouard eut fini :

— Tu n'as qu'un parti à prendre, dit-il.

— Lequel?

— C'est de partir.

— J'y pensais. A propos...

— Quoi?

— Si tu veux, je pars et je te laisse mon logement.

— J'allais te le demander. Et quand?

— Dès demain. Le mérite des grandes résolutions c'est d'être accomplies vite. J'ai toujours eu envie d'aller voir les Pyramides. Je vais profiter de l'occasion.

— Je suis le plus heureux des hommes! pensa Edmond.

— C'est convenu, continua Édouard. Je te laisse mes meubles. A mon retour, tu me les rendras.

— Parfait!

— Mais silence!

— Sois donc tranquille.

— Eh bien, à midi, demain, chez moi.

— J'y serai ; adieu.

Édouard se fit ouvrir la loge n° 28, où se trouvait Herminie. Quant à Edmond, il ne se possédait pas de joie d'avoir ce logement qu'il avait tant désiré.

Un domino lui prit le bras. Il reconnut Marie.

— Édouard est ici ? dit-elle.

— Oui.

— Loge n° 20, n'est-ce pas ? Je viens de l'y voir avec une femme.

— Peut-être.

— Vous la connaissez ?

— Non.

— Dites-moi son nom seulement.

— Je l'ignore.

— Vous mentez.

— Tout ce que je puis vous dire, c'est que, demain, je prends son logement ; si vous voulez y venir...

— Où va-t-il ?

— Il part.

— Pourquoi ?

— Ah ! voilà ! fit Edmond, du ton d'un homme qui est de moitié dans un secret et qui affecte la discrétion.

— Mon petit Edmond, dit Marie d'un ton câlin, dites-moi pourquoi.

— Vous êtes trop bavarde.

— Je vous en prie ! Je vous aimerai beaucoup.

— Bien sûr ? et vous ne parlerez de ce secret à personne ?

— Vous verrez.

Et Edmond se mit à raconter mot pour mot à Marie ce que venait de lui dire Édouard.

— Ah ! la bonne histoire ! fit Marie.

— Mais surtout n'en dites rien !

— Comptez sur moi. Pardon, voilà quelqu'un que je connais.

Marie laissa Edmond comme si elle eût eu à parler à quelqu'un, puis elle quitta le foyer et vint regarder par le carreau de la loge n° 20. Édouard y était encore ; mais, quelques instants après, il sortit. Quand il fut hors du bal, elle appuya ses mains sur l'ouverture du carreau, se leva sur la pointe des pieds et dit :

— La planche est-elle toujours solide ?

Herminie se retourna comme si une vipère l'eût piquée ; mais Marie avait déjà disparu en riant comme une folle.

Herminie ouvrit la loge et quitta le bal à son tour.

Quant à Édouard, il était rentré se coucher, afin de pouvoir se lever de bonne heure et faire tous les préparatifs de son départ. Dès le matin, il sortit, courut retenir une place dans la malle de Marseille, fit viser son passe-port, alla prendre de l'argent chez son notaire, et, à onze heures et demie, il était de retour.

A midi, Edmond arriva.

— Tu pars toujours ?

— Tu vois! dit Édouard en montrant ses malles à moitié faites.

— Ainsi je puis faire apporter ici tout ce que j'ai ?
— Parfaitement.

— Je resterai jusqu'à six heures avec toi; je t'accompagne à la malle-poste.

— Très-bien.

Edmond se mit, tout radieux, à visiter son nouvel appartement. Quand il fut arrivé au cabinet de toilette :

— Ah! voilà cette fameuse planche ? dit-il.
— Oui.

— Ah! je comprends, tu l'appuyais sur les deux rebords et tu allais ton train; heureux gaillard, va! Et c'est à minuit que tu allais en face ?

— Oui.

— Tu donnais un signal?

— Non. J'ouvrais ma fenêtre, elle ouvrait la sienne, je passais.

— Mais si on t'avait vu ?

— Il n'y avait de lumière ni chez elle ni chez moi,

et, d'ailleurs, la maison n'est pas habitée. La chambre où elle me recevait est détachée des autres appartements, et sa tante habite l'autre partie de l'hôtel.

Quand les malles furent faites, les deux amis sortirent ensemble.

— Je pars, dit Édouard au portier. Monsieur gardera mon logement pendant mon absence. Je serai de retour dans quatre mois. D'ailleurs, il y en a six de payés.

— Oui, monsieur. Voici une lettre qui vient d'arriver.

— Donnez.

Édouard reconnut l'écriture d'Herminie.

— Elle me recommande de ne pas manquer ce soir, dit-il à Edmond après avoir lu la lettre. Ce soir, je serai à vingt lieues de Paris !

A six heures, en effet, Édouard était parti.

A minuit, Edmond, installé dans son nouveau logement, passa dans le cabinet et ouvrit la fenêtre. Celle d'Herminie s'ouvrit du même coup. Il faisait un brouillard à ne pas voir un mur. Il prit la planche, la fit glisser et sentit qu'une main prenait l'autre bout.

— Enfin pensa-t-il, voilà une femme ! C'est bien le diable si je ne réussis pas, cette fois, à me faire adorer.

Et il se mit à enjamber la planche, non sans un certain battement de cœur. Au bout d'un instant, il sentit une main qui l'empêchait d'avancer davantage, et il entendit une voix qui lui disait :

— Vous savez ce que je vous ai dit la première fois que je vous ai vu ?

— Quoi donc ?

— Que, si vous parliez jamais de moi, je vous tuerais ! Je tiens parole !

Et, au même moment, la jeune femme, repoussa la planche, qui tomba, étouffant dans le bruit de sa chute le dernier cri d'Edmond.

※
※ ※

Quatre mois après, comme il l'avait dit, Édouard était de retour. En arrivant dans sa rue, il vit qu'on démolissait l'hôtel d'Herminie. Il demanda si Edmond était chez lui. Alors le portier lui raconta que, le lendemain de son départ, on avait trouvé le cadavre de son ami dans la cour avec une planche qui, en tombant, lui avait brisé la tête.

— On n'a jamais su ce qu'il voulait faire avec cette planche, ajouta le portier.

Édouard devina tout et resta stupéfait.

— Et pourquoi démolit-on l'hôtel à côté? demanda-t-il.

— Parce que mademoiselle Herminie, en partant, il y a trois mois, pour l'Italie, l'a vendu et que le nouveau propriétaire vient de le revendre pour que l'on puisse percer une rue à cet endroit-là.

Édouard était comme fou. Il monta chez lui, trouva

tout dans le même état, revit la fenêtre, qu'on n'avait pas encore abattue, telle qu'il l'avait laissée, s'habilla, sortit, courut chez Marie et y trouva juste les mêmes personnes qu'il y avait trouvées six mois auparavant, époque à laquelle nous avons commencé cette histoire. Seulement, au lieu du lansquenet, on faisait un vingt-et-un.

Voilà tout ce qu'il y avait de changé dans la vie de son ancienne maîtresse.

FIN

TABLE

UNE AVENTURE D'AMOUR............................ 1
HERMINIE.. 191

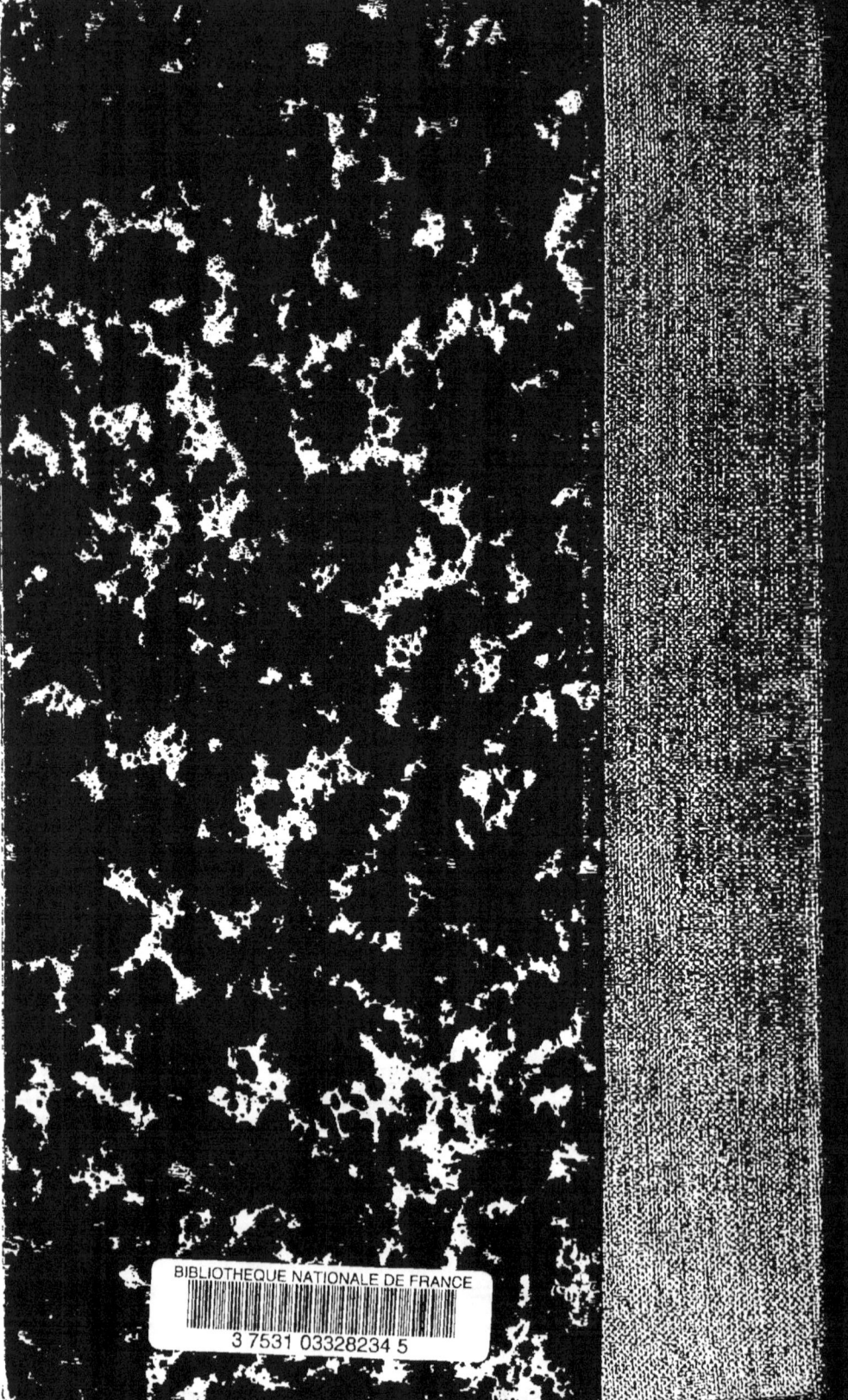

www.ingramcontent.com/pod-product-compliance
Lightning Source LLC
Chambersburg PA
CBHW050634170426
43200CB00008B/1017